T0365440

LA DIOSA DEL JARDÍN DEL EDÉN

JOSÉ DE JESÚS CAMPOS RODRÍGUEZ

ISBN: Tapa Blanda   978-1-4633-9068-6
                  Libro Electrónico   978-1-4633-9069-3

Fecha de revisión: 07/09/2014

Para realizar pedidos de este libro, contacte con:
Palibrio LLC
1663 Liberty Drive
Suite 200
Bloomington, IN 47403
Gratis desde EE. UU. al 877.407.5847
Gratis desde México al 01.800.288.2243
Gratis desde España al 900.866.949
Desde otro país al +1.812.671.9757
Fax: 01.812.355.1576
ventas@palibrio.com
665698

Deseo dedicar este libro, con mucho amor, a mi adorada y querida madre. A mi hermosa familia, a mis hijos, a mi esposa, a mi padre, Tanbien a mis queridos hermanos, y por supuesto como olvidarme, **con mucho cariño a nuestra sagrada institución,** AMORC.

ÍNDICE

PROLOGO

El interés del autor de este libro, es con el fin de compartir, inquietudes, sueños, y esperanzas.

Esperanzas de que algún día esperamos que no muy lejano, México sea para todos y sin distinción alguna un país mejor.

Con una democracia, fuerte, y sólida, con capacidad de ofrecer justicia, para todos por igual, con una política verdaderamente fuerte, con un gran profesionalismo, y un verdadero liderazgo, nacional, e internacional.

Y con una berdadera capacidad para ofrecer a los ciudadanos, una berdadera seguridad, y un autentico cambio de estrategia.

Que provea a los ciudadanos oportunidades de estudio, y de trabajo. Con el fin de que el ciudadano obtenga un mejor nivel de vida, y de educación.

INTRODUCCION

Quizás a todos nos ha pasado que nos hemos de Haver encontrado algunas ves con alguien que no le gusta hablar de política.

Y no es que no le guste talvez la política, sino que simplemente, no creé en la función de esta, almenos no en lo que respecta en la política mexicana,

Por razones ajenas se ha permitido que nuestra política se devalúe,

En cierta medida, de modo que ay personas que poco creen sobre la función de nuestros políticos,

Y me párese que esta incredulidad que se percibe en la sociedad,

Es un motivo suficiente de interés para todos, almenos para quienes deseamos ver un país mas prospero.

Y eso me ase pensar que si, todos deseamos ver a México prosperar.

Con calles limpias, abundantes bosques, suficiente agua, para todos los hogares, incluso para tener extensas áreas verdes, por todo lo largo, y ancho del país.

Con servicios de calida, escuela, agua, luz, drenaje, empleos bien remunerados.

Y una política verdaderamente fuerte, y fortalecida, gozando de un enorme fortalecimiento, y un autentico, liderazgo, internacional.

Hagamos a un lado las posibles frustraciones, y percibamos que México, es un país, de verdaderos sueños, y esperanzas.

Démonos cuenta pues que en México, hemos hecho grandes logros,

Hemos hecho grandes avances, y grandes cambios sustanciales, y se seguirán asiendo a medida de las posibilidades, y de las circunstancias.

Hagamos pues de México un país prospero.

El jardín del Edén.

EL MÉXICO CONTEMPORÁNEO

La sociedad mexicana atraviesa severas crisis en los conceptos y valores del pensamiento.

Nos encontramos bajo un severo declive moral.

El afán materialista ha penetrado dentro de la conciencia social, y nos hemos convertido en cómplices.

talvez abra críticos que culparan a los políticos, talvez abra quien culpara a la iglesia, o talvez abra quien culpara al sindicato educativo, y talvez abra quienes preferimos culparnos a todos por igual, por permitirnos ser persuadidos por el circulo vicioso de la mediocridad.

Pensar que el gobierno solucionaría nuestro futuro ha sido una gran inresponsavilida, como sea el caso es que cada quien tendrá su propia perspectiva, y apreciación, sobre lo que acontece en nuestro querido México.

Lo cierto es que independientemente de cual sea tu punto de vista, ami en lo particular me párese que ya es tiempo de que retomemos nuestro propio destino.

Y emprendamos un nuevo patrón, con nuevos conceptos modernos de pensamiento, que le den a nuestra sociedad nuevos campos de visión, y de desarrollo social.

Nuestra gran historia cuenta con un mosaico variado de culturas, y cultos, que florecieron y se fermentaron dándole a la sociedad, sabor, colorido, y un autentico esplendor de vida.

Todo el pueblo mexicano siente estar en constante comunión con su historia y su pasado.

Venimos de un pasado con esplendor, y con una historia gloriosa.

Estos principios fueron básicamente la inspiración, y el hechizo, de hermosos descubrimientos, científicos, astronómicos, culturales, entre muchos mas.

Nuestros ancestros fueron hombres de bien, Amaban la creación y sintieron una fuerte inquietud por conocerla, por entenderla, y por amarla.

Esa inquietud por conocer, los llevo a fijar la mirada en las profundidades del firmamento.

Y a observar los movimientos de las estrellas, y observar sus cursos, trayectos, y ritmos, y su armonía.

Sintieron inspiración por todo lo que observaban desde el infinito brillo de las estrellas, asta el poderoso trueno del rallo, y de la centella.

Todo ese amor, y respeto Asia la naturaleza fue hermosamente plasmado en piedras, pinturas que yacen en sus edificios, y en sus pirámides, que ellos mismos construyeron.

Y que se yerguen como una señal de inspiración para la humanidad.

Cuando comenzó el proceso de desaparición de estas civilizaciones, dio comienzo de la llegada de los españoles a tierras aztecas,

Ala llegada de los españoles posiblemente pudiese haberse sentido un poco de desden, por parte de las etnias nativas, pues desconocían por completo los planes y objetivos de los españoles, y sus razones de conquista por la nueva España.

Con el correr del tiempo las etnias posiblemente, especialmente sus líderes empezaron a ver como una intromisión de los españoles en las vidas sociales, culturales, religiosas, y políticas, razón por lo cual se empezó a sentir el descontento, de las etnias nativas, Asia los nuevos conquistadores.

Para los españoles en cambio el nuevo descubrimiento de la nueva España era de gran importancia.

El nuevo territorio que se acababa de descubrir era inmensamente rico.

Se decía que Avia mucho oro, plata, piedras preciosas, metales, una extensa variedad de incalculable riqueza. Además posiblemente los nuevos conquistadores, miraron bien, que la gente nativa era sencilla y pacifica.

Razón por la que se dio una aparente integración pacifica al comienzo.

Los españoles Traian consigo técnicas, y conocimientos para trabajar el oro, y piedras preciosas, entre otras cosas, esta cualidad fue de inmediato apreciada por los nativos.

Y así se fue fusionando paso a paso el esplendor de dos hermosas culturas.

La nueva conquista en un nuevo mundo.

Los nuevos huéspedes además de las habilidades que nos trajeron para trabajar con la materia, tanbien nos trajeron el culto religioso.

Culto que después se vería muy fortalecido con la aparición de nuestra señora madre la virgen de Guadalupe.

Sin embargo como todos los imperios sobre la tierra tienen un ciclo de existencia, el ciclo de la nueva España llego a su fin con la independencia de México.

Victoria conquistada por el cura don miguel hidalgo, entre muchos más, grandes héroes, que dieron sus vidas por legar a las futuras generaciones una nación independiente.

De esta forma se puso fin la era colonial, para después dar inicio a la era del México moderno, pasando de este periodo al México contemporáneo. Que es en el periodo en el que nos encontramos.

Durante el periodo México moderno tuvieron lugar barias guerrillas, tanto internas como tanbien de otros países. Amediados de la era México contemporáneo.

Llegó un poco la calma la estabilidad social, para después dar lugar al periodo neoliberalismo.

Periodo en el que el país sufrió fuertes, y consecuentes crisis, y devaluaciones del peso.

En cierta manera eso explica el porque asido muy lenta y tardía la recuperación del país.

Constantes guerras, seguidas después de fuertes crisis y devaluaciones del peso.

Talvez tantos obstáculos y tropiezos seguidos, causo frustración en la sociedad.

Esta frustración se ha perpetrado hasta nuestros tiempos, causando un lento desarrollo, en lo económico, en lo político, y en lo educativo.

Implementar una filosofía de amor propio, de amor por la comunidad, por el país, más que organizar guerras, plantones, marchas.

Posiblemente pueda ser una mejor opción.

Sentir amor y respeto por nuestra persona, sentir deseos por el progreso, proveer de cuidados a nuestro cuerpo, a nuestra mente, a nuestro espíritu.

Buscando siempre mantener una buena relación con uno mismo. Y proyectarla con la familia, con los amigos, con la comunidad, y con el país.

Durante las últimas décadas el deterioro de la economía se ha logrado estabilizar.

Pero el país aun requiere de medidas mas profundas, con el fin de mejorar sustancialmente el nivel de vida de los ciudadanos.

Talvez quienes acostumbramos de ves encunado colarnos un poco en el noticioso mundo de las noticias, se nos ha hecho común escuchar a los políticos, y mas aun cuando andan en campaña, en busca de su boto y el mío.

Nos prometen cambiar de rumbo, y de estrategia, nos prometen pavimento para las calles, nos prometen mejorar el pobre servicio de agua.

Y así sucesivamente cada candidato ase una extensa lista de lo que asu criterio pudiesen ser las necesidades más apremiantes y de las cuales podría convencer mejor a usted y ami en busca de su boto y el mío.

Esta larga historia quizás nos a de recordar ala historia del cortejo, se acuerdan cuando el joven anda en conquista de su adorada amiga, y desea que la relación se torne mas intima, pero la mama como ya dispone de una amplia experiencia sobre la vida, con tiempo le trata de prevenir a la señorita, no te dejes engañar hija de los hombres.

Los hombres casi siempre todos son igual, al principio tratan de convencerte bajándote la luna, y las estrellas, y una ves que te convencen se olvidan de todas las promesas.

Talvez encontremos un paralelo en ambas historias, solo que estas son de una naturaleza diferente.

Es muy probable que la sociedad tenga esta impresión con respecto a nuestra política mexicana, no obstante algunos políticos con el interés de convencernos de sus propuestas nos dicen, te prometieron arreglar tu carretera y no te cumplieron, partido xx no te ba. A defraudar.

Me da la impresión de que los mismos políticos se dan cuenta de lo corrompido que se encuentra nuestra política.

Y sin necesidad de Hacer comentarios, o entrar en detalles, pues estos están desafortunadamente a la vista de todos.

Promover una cultura de civilidad, y de un alto sentido de ética, me párese que es un sueño de una gran mayoría de quienes soñamos en ver a esta hermosa nación con mayores niveles de vida, de entendimiento, y con una fuerte solides en nuestra democracia.

Por eso es de suma importancia Acer un énfasis en la manera, de entender, de concretar acuerdos, por que de estos depende en mucho el porvenir de toda una nación.

En la actualidad esta muy de moda los bloqueos a carreteras, y calles, en lo particular se me párese una practica muy indeseable y de muy mal gusto.

Y sinceramente no entiendo como es que los gobiernos toleran esta pobre conducta.

Debes de darte cuenta que al bloquear estos accesos de comunicación lo único que estas consiguiendo es retrasar aun mas el progreso de tu comunidad, y de paso tanbien de tu país.

Al bloquear estos accesos, quedan varados miles de automovilistas, personas que no llegaran a tiempo a sus trabajos, y que por lo tanto ese tiempo perdido las empresas no lo pagaran, muchas de esas personas tienen en casa dos, tres Ho asta cuatro, personas que dependen de el o de ella.

Por lo tanto ese dinero que les ases perder asu familia les ase mucha falta.

Otro serio inconveniente entre los bloqueos se encuentran muchos trailers con mercancía, mercancía que si no se entrega asu tiempo acordado no será recibida, y esto significa serias perdidas para las empresas.

Como nos damos cuenta lejos de ayudar a tu comunidad, a tu país lo estas afectando seriamente.

Por que no mejor, envés de afectar a personas que nada tienen que ver con tu problema.

Por que no ir mejor directamente a las oficinas, y hablar exponer, los puntos, y tus diferencias.

Y procurar concebir acuerdos, sin que otras personas que no tienen nada que ver con tus problemas resulten afectadas.

Es de mucha importancia practicar el dialogo, y tanbien es de mucho valor saber escuchar a los demás.

Saber entender sus razones, y su comsepcion sobre los temas a entender.

De hecho me párese que buscar un ambiente en donde la atmosfera sea más calida y placentera, para todos puede resultar con mayores beneficios para todos.

Nuestra educación puede abrirnos las puertas a grandes acuerdos y grandes logros.

Posiblemente en barias ocasiones nos hemos preguntado por que en otros países, sus ciudades sus calles, parques, sus ríos, sus playas, siempre están limpias libres de basura y contaminación.

Mas sin embargo en nuestro querido México, podemos ver basura en las calles, carreteras, parques, prácticamente por todos lados.

En los estados unidos de américa, no se da esta conducta, pues esta es seriamente castigada con multas.

En México esta indeseable práctica el gobierno no la castiga como debiese.

Y esto da lugar a que otras indeseables conductas pasen Acer parte de nuestro modus de vida.

Es importante practicar la cultura de limpieza, hacernos la promesa nosotros mismos de no tirar basura, más que únicamente en el lugar en donde debe de ir.

Ay personas que esta cultura de no tirar basura, ya es parte de su naturaleza.

Por lo tanto ya ni siquiera les pasa por la mente de tirar basura por las calles o donde sea. Acer nuestra pues esta costumbre no requiere ni de tanto esfuerzo, ni de tanto tiempo, solo una pequeñísima parte de un granito de voluntad.

Cuando andes por la calle, y te sientas con necesidad de tirar basura a la calle, antes de hacerlo detente unos segundos, piensa en lo mal que se ve una persona tirando basura, no importa si nadie te esté mirando, además piensa en lo mal que se ve tu ciudad, tu país, con basura por todas partes, si te detienes por unos segundos, preferirás mejor no tirarla y esperar a que llegues a un contenedor y depositarla en su lugar.

Si logras Acer esto por barias veces llegara el día que este habito pasara Acer parte de tu persona, y tirar basura por doquiera ni siquiera pasara por tu mente.

Pasa Acer parte de tu propia naturaleza. Tener planes proyectos, ideas, sobre como mejorar nuestra persona.

Y nuestro entorno, ase alas personas felices y prosperas.

Y una buena forma de empezar, es practicar una cultura altruista, ofrecer los tiempos libres para realizar quehaceres en la escuela, en el parque, en la iglesia.

O si se deseas hacerle propuestas al gobierno, procurar que se interese más en la limpieza de las calles.

De los parques, de los arroyos, y ríos. Invitar al gobierno y a la sociedad que se involucren más en el cuidado del ecosistema.

Solicitar una mayor protección para los animales, para todo tipo de animales, garantizarles un sano convivió entre los humanos y los animales y un amplio respeto a sus derechos, y asu integridad.

Promover mayores cuidados para los bosques, asegurándonos que la tala de los bosques no se ase de una manera indiscriminada, y que además de la continua tala que se practica, para suplir las demandas de la sociedad, se garantiza una basta reforestación, para recuperar los bosques.

A diario se pierden por la tala, y por los incendios, que enbeses son accidentados, y aveces son provocados.

Es de suma importancia la reforestación de los bosques, pues estos son el habitar de miles de animales.

Y los animales ayudan a mantener un equilibrio en el ecosistema.

Además los árboles nos dan oxigeno, y nos limpian las impurezas del aire, como es el moderno problema de la sociedad, el smog.

No obstante se ha escuchado decir que los árboles tanbien nos atraen el agua la lluvia.

Muy posiblemente tanbien pueden reducir significativamente el sobrecalentamiento que mucho se habla de hoy en día.

Como vemos tenemos mucho en que ocuparnos, y creo que son suficientes motivos, para en berda ocuparnos y olvidarnos un poco de marchas, y plantones, practicas que solo obstaculizan el desempeño, y desarrollo del país.

POLÍTICA

Es de gran interés advertir que aunque el bienestar, el progreso, de la nación recae en la política.

Y en sus líderes.

Nosotros como ciudadanos ajenos a las políticas podemos, tanbien contribuir al progreso y bienestar de la nación, involucrándonos un poco mas en los asuntos, y necesidades de la comunidad, y del país.

Durante el sexenio del expresidentes Carlos salinas de Gortari.

Al parecer fue un periodo, ya para terminar su gestión un poco abrumador.

Su política se mantuvo en el terreno de los contrastes, ami en lo personal me pareció un buen presidente, aunque posiblemente abra quien opine lo contrario.

Fue un presidente que gozó de mucha popularidad, en México, y en el extranjero.

Uno de sus grandes logros, fue el tratado de libre comercio, con los estados unidos de America, y Canadá.

Este convenio no se puede negar, los grandes beneficios que a traído al país.

El tratado ha contribuido a generar empleos, y el intercambio de mercancías a favorecido substancial mente la economía.

Desafortunadamente al término de la gestión se manejaron los asuntos talvez con poco tacto.

Y sobrevino una fuerte devaluación de la moneda, paralelo a este desafortunado incidente. Y

Gusto ala entrada de libre comercio, México, estados unidos, y Canadá.

El ejercito zapatista de liberación nacional irrumpió el animo, anunciaba que se estaba revelando.

Se levantaba en armas, como muestra de inconformidad, con respecto a la política del gobierno federal.

Pues argumentaban de la fuerte segregación que existía en los indígenas.

Que se les tenia muy abandonados, y sus derechos no eran tomados en cuenta.

La revelación zapatista, y la devaluación del peso, causo un severo trauma, dentro de la sociedad.

Los inversionistas muy escépticos prefieren en estos casos huir. Alejarse de los problemas y poner a salvo sus inversiones.

SEXENIO CEDILLISTA

Al inicio del sexenio del expresidentes Ernesto Zedillo, como lo decíamos el país se encontraba inmerso en una severa crisis.

Pero al parecer esto no era motivo para alarmarnos.

Todo indicaba que las crisis ya estaban muy de moda en nuestro querido México.

Por esos años los banqueros se declararon en banca rota, con excepción de cierto banco.

Al parecer a la política mexicana aun le faltaba redimensionar el problema de las fuertes crisis que por esos años eran muy constantes, pero al parecer esto no importo a la política mexicana.

Y muy a pesar de lo que ya de porsi se vivía, nuestros políticos decidieron pasarle la factura de los banqueros ala ciudadanía, deuda que se conoció como el Fobaproa.

Y que además es una deuda que todos los ciudadanos estaremos pagando por muchos años mas.

Además de tener que manejar con mucho tacto la fuerte crisis, Abia que trabajar tanbien con una destacada diplomacia.

Para convenir acuerdos con el entonces recién levantado en armas el ejercito zapatista.

Desde antes de su gestión del expresidentes Ernesto Zedillo ya se hablaba de su habilidad para el manejo de las finanzas.

Y efectivamente demostró que ese era justo su carisma, la economía.

Bajo su tutela logro recuperarse, mas sin embargo no se escucho de acuerdos satisfactorios, con respecto al ejercito zapatista, pues este logro subsistir todavía al siguiente sexenio. Al termino del mandato cedillista, ya se empezaba a sentir mucha inquietud en la sociedad.

Al parecer las constantes crisis que se Vivian, ya Avia llevado ala sociedad al desencanto.

Y al parecer el partido revolucionario institucional.

PRI, tendría que revaluar su política.

Ya para ese entonces el pan, empezaba a dejar sentir los pasos, por la azotea de los pinos.

Todo indicaba que el partido acción nacional, el pan trascendería, con su bien organizada estrategia, amigos de fox.

De esta manera, el partido acción nacional por primera ves en su historia llevó a uno de sus candidatos a la silla presidencial los pinos.

SEXENIO FOXISTA

Así fue pues en los años dos mil, México inicio un nuevo capitulo, una nueva historia, una nueva esperanza.

Así con una nueva trayectoria el expresidentes Vicente
Fox Quezada, inicio su mandato, con la llegada del nuevo gobierno se esperaba soluciones prontas y con un gran sentido de responsabilidad.

A las demandas del ejercito zapatista, pues el en su campaña Abia prometido solucionar las demandas del ejercito, en la mayor brevedad posible.

Las demandas no se solucionaron tan pronto como lo Avia prometido, pero al parecer si se consiguieron avances, pues con el tiempo el ejercito zapatista se convirtió en una fuerza política.

Por esos mismos días el expresidentes Vicente fox Quesada viajo a wachinton a la casa blanca, ahí leyó su primer informe sobre como seria su política, y cuales seria sus estrategias.

Al termino de su discurso fue emotivamente con gran entusiasmo ovacionado por los congresistas ahí presentes, en un comentario que hizo un comentarista al momento de dar las noticias, se refirió a esta ovación, como una ovación tímida, sin entusiasmo.

A mi me pareció todo lo contrario, se sentía que el congreso estadounidense Asia tanbien propia el triunfo foxista que obtuvo en las urnas.

Por esos tiempos el gobierno de wachinton daba a conocer su interés, por darles admistía a un numeroso número de trabajadores que se encontraban trabajando en ese país de manera ilegal.

Desafortunadamente los tristes acontecimientos que acontecieron el once de septiembre obligo al gobierno de ese país a serrar sus fronteras, en especial la frontera con México.

Y desafortunadamente la posibilidad de una admistia para nuestros connacionales se pospuso por tiempo indefinido. Por otra parte devuelta en México.

Y ya casi al término del sexenio del expresidentes Vicente fox Quesada, ya empezaba a sentirse una fuerte violencia, en la hermosa ciudad Juárez.

Muchas mujeres fueron torturadas, y acecinadas, acontecimiento que mucho nos apena, y nos avergüenza.

Después la violencia se extendió por todo el país, apartir de tanta inseguridad se realizaron muchas manifestaciones, exigiendo al gobierno seguridad en las calles.

Pero al parecer los gobiernos eran rebasados, por la delincuencia que se encontraba muy bien armada.

SEXENIO CALDERONISTA

Al comienzo de la presidencia del expresidentes Felipe calderón hinojosa

Muy contrario a lo que se esperaba, y muy a pesar de cómo se suscito el proceso de las elecciones de ese entonces.

El expresidentes sorprendió a México y al mundo, desde el primer día de su mandato, de inmediato puso al ejercito y a la marina, a patrullar las calles y carreteras, de todo el país.

De esta manera estaba atendiendo una de las fuertes demandas de la ciudadanía, la seguridad.

Enfrentar la delincuencia en la forma en como lo hizo, era algo complejo y delicado, pero es un echo que ya se tenia que Acer algo.

Y al parecer al el expresidentes no sintió ninguna timidez, y como dijo en su campaña, ni siquiera le tembló la mano, pese a los riesgos que esto implicaba.

Con el paso del tiempo, se suscitaron barias marchas a petición de que se detuviese la persecución ala delincuencia.

Pero el expresidentes siempre mostró un incansable temple, y una firme decisión por desfender la seguridad de los ciudadanos.

Ami parecer esto le sumo botos, en México, y en el extranjero.

El expresidentes siempre mostró una acentuada disciplina, no solamente en el terreno de la inseguridad, sino que tanbien en el terreno de la economía.

Y es que a pesar de que durante su sexenio, se suscitaron muchas turbulencias, tanto en México como en el exterior, mas sin embargo la economía siempre se mantuvo, robusta y en un ritmo aceptable.

SOCIEDAD

Posiblemente alguna ves tu como yo nos hemos preguntado cuales han sido las ventajas a favor del país con respecto a las culturas que han llegado a México del exterior.

Y que de alguna manera han influido en la sociedad, si las pusiéramos en una balanza Asia que lado esta se inclinaría.

Todas las culturas aportan a la sociedad costumbres y conocimientos, que de alguna manera están encaminados a simplificar la vida a la ciudadanía.

Algunas costumbres no son necesariamente buenas, otras lo son.

Al comienzo de nuestra hermosa historia, como ya lo sabemos, existieron grandes civilizaciones, que con sus grandes conocimientos, dieron al mundo grandes aportaciones, en conocimientos, conocimientos que aun sorprenden al mundo moderno.

Estas civilizaciones dejaron al país gran legado de costumbres, y conocimientos de incalculable valor, para México, y para el mundo.

En una ocasión que me encontraba en otro país lejano, me encontraba escuchando la radio en el apartamento, en ese momento el agradable locutor hizo un comentario un poco chusco.

Pero que me pareció interesante, hablaba sobre la gran historia de Cuauhtemoc, cuando le quemaron los pies, a el y a su amigo.

Y me refiero a una gran historia, por que nos pareció que reflejaba un gran heroísmo. El locutor comentaba que a el en la escuela, le contaron que a Cuauhtemoc, y asu amigo les avían quemado los pies por no haber querido decir en donde tenían escondido el tesoro.

Pero que después en la calle escucho otra versión diferente, que al momento de que les quemaban los pies a Cuauhtemoc, y a su amigo, ahí se encontraba la malinche por que ella la hacia de interprete entre Cuauhtemoc y Hernán cortes.

Pues estos hablaban diferente idioma, al momento que les quemaban los pies a Cuauhtemoc y asu amigo, el amigo de Cuauhtemoc le dijo a Cuauhtemoc, amigo mejor diles en donde tienes escondido el tesoro, pues el fuego esta insoportable.

Cuauhtémoc talvez como un gesto de compasión le dijo a la malinche en donde se escondía el tesoro.

Y de esta manera detuviesen el fuego, pero la malinche muy astuta, cambio la versión y le dijo a Hernán cortes, que decía Cuauhtemoc que no diría en donde estaba escondido el tesoro aun que les quemasen los pies.

De esta manera la malinche se quedo con el tesoro, y la acción de las llamas continúo su curso.

Como nos damos cuenta las dos historias parecen ser muy convincentes, pero ahora en la actualidad posiblemente pueda ser de poco interés saber realmente cual fue la berda.

Ahora lo que si nos interesa es saber de que manera podemos ocuparnos en erradicar los malos hábitos y costumbres, que obstaculizan el desarrollo de nuestro país.

En la comunidad en donde vivo, la gente se expresa mal de los policías, no párese haber confianza en ellos, posiblemente suceda lo mismo en otras partes del país. Como ya nos dimos cuenta en los últimos años la inseguridad creció de una manera muy alarmante, y por que no decirlo tanbien de una manera muy vergonzosa.

Recuerdo haber escuchado en las noticias, el gobierno de México le decía al de estados unidos refiriéndose al clima de inseguridad la responsabilidad es compartida.

Me pareció sentir que se trataba, de alguna manera de cómo empezar a vislumbrar soluciones, lo cual me pareció positivo.

En mi opinión modesta, me párese que el gobierno de guachinton, hizo muy mal en permitir el acceso de armas a la delincuencia.

A sabiendas de que la delincuencia en México estaba fuera de control.

Y que además no solamente las vidas de los mexicanos, estaban amenazadas por la delincuencia sino que tanbien las vidas de muchos ciudadanos extranjeros que cruzan el país con destino hacia los estados unidos.

Y pienso que el gobierno de México debió habercido más estricto en ese tema de las armas.

Pero por que no regresamos a México que es en donde estaba el origen del problema.

Por barias décadas el crecimiento del país fue bastante pobre, sino es que malo, los sueldos de los trabajadores bastante bajos, incluyendo los de los policías.

Por otra parte posiblemente no se actualizaron a tiempo programas de atención, y prevención del delito.

En cambio los policías, con un sueldo bastante pobre, sin el equipo adecuado, y sin la preparación adecuada, esta negligencia por parte del gobierno, de prevención del delito.

Llevó a los extremos la paz y la estabilidad social.

De una manera que a todos nos apena, y mucho nos avergüenza.

Afortunadamente se están tomando las medidas pertinentes, se esta gestando un modelo de policía moderno y mejor preparado.

Y esperamos que tanbien mejor pagado. Pero ay que advertir que el principal problema Sige siendo una falta de coordinación.

Y es ahí en donde se deben tomar decisiones muy precisas.

Recuerdo que desde que yo era pequeño, era común escuchar, esa carretera ya fue pagada desde ase mucho tiempo atrás, y aun Sige sin terminarse.

Por eso posiblemente ya no es sorpresa para ningún ciudadano observar que la poca infraestructura que se observa en las ciudades es de poca calida.

Como ejemplo, las pocas calles que cuentan con asfalto, o pavimento siempre están las calles y banquetas quebradas.

Además a las calles no se les ase salida al agua, cuando llueve, al momento de que pasan los vehículos estos zarpean ala gente de agua sucia.

Y con frecuencia es común observar, dos o tres postes de alumbrado público, juntos enbeses hasta más.

Da la impresión de que antes de poner el servicio no se hizo un estudio.

Para saber cuántos postes se necesitan de esta manera contaminar menos las banquetas.

Realizar un trabajo menos costoso y de mas calida.

Además con frecuencia se observan por las calles, vehículos, motonetas, demasiado ruidosas, contaminando el ambiente.

Vehículos, camiones incluso aquellos que están al servicio del gobierno.

Echando mucho humo por las calles. Trailers de doble remolque, circulando en las carreteras, con sobre peso a sabiendas del gran peligro que estos representan para el chofer.

Y para toda la ciudadanía. Todas estas irregularidades asen suponer de una posible descoordinación dentro del gobierno.

Mientras que las licencias de conducir son gratuitas para todo ciudadano que la solicite en los estados unidos, sea del país que sea.

Aquí en México incluso para el mismo ciudadano tienen un alto precio.

Y si a esto le agregamos lo caro que cuesta manejar en estas carreteras.

Como decíamos talvez ya no nos sorprende, mirar con mucha tristeza como algunos arroyos y ríos son contaminados con las aguas negras.

Por esto es realmente imperativo, que los partidos verdaderamente se concietisen, de las verdaderas urgencias del país.

Es realmente desafortunado mirar, como la política de nuestro país esta ala, espera de que la economía estadounidense se fortalezca.

Para que de esta manera nuestra economía pueda recibir un breve respiro. Pareciese como si tuviésemos una economía con cuatro patas, muy semejantes a un animal que por la mañana camina en cuatro patas, a mediodía anda erguida en dos, y ya por la tarde se sostiene en tres patas.

Actuar de esta manera me párese un poco irresponsable, quizás para muchos, es bastante irresponsable, y inmaduro.

Nuestra economía, y nuestra nación necesitan de total independencia, como de total independencia se requiere para nuestra identidad, si a México se le llamó estados unidos mexicanos. Antes de que los estados unidos americanos adoptasen ese nombre para su nación.

Pues me párese que México debe de conservar su nombre con mucho orgullo.

De lo contrario si a México se le llamo estados unidos mexicanos, después de que los estados unidos ya habían adoptado ese nombre para su nación.

Me parece que México estaría mejor sin emular nombres, cada persona es única, cada nación es única.

Nuestra sociedad requiere de identidad propia, también requerimos de una economía propia.

Independiente que no este a la espera de otras.

Esto es de gran importancia para la sociedad, como hemos de recordar una persona con identidad propia.

Tiene fortaleza, confianza, en si misma, nuestra sociedad debe mantenerse sobre esa simetría, nuestra educación debe de ser la única fuente de inspiración.

En donde escoger los nombres para los hijos, y para la nación, sin que háyase necesidad de emular a otros.

VICIOS DEL CAMPO

Desde ase ya algunos años posiblemente décadas los campesinos se han venido quejando amargamente sobre la pobre desventaja en la que se encuentran.

Y como no, con justa razón se quejan, pues no es nada apremiante trabajar la tierra por barios meses, mas a ese trabajo abra que incluirle un poco de inversión.

Los campesinos con mucho entusiasmo desde algunos meses antes de que llegara el temporal preparan sus tierras, para que al momento de que empiece a caer la lluvia poner a sembrar las semillas.

Aquí en este trabajo, no ay nada seguro, nada garantizado, es como el juego de la moneda que se tira al aire, y no sabes lo que va a caer, si va ser águila o sol. Los campesinos así se juegan su suerte.

Ponen todo su esfuerzo, su entrega su fe y su esperanza, con la esperanza de que el año les favorezca, y obtener una buena cosecha, para alimentar a su familia.

Y si se corre con suerte, si la cosecha fue buena, con suerte sobra un poco de dinero para Acer algunos pagos pues las deudas son parte de la vida cotidiana.

Pero que sucede cuando tienen cosecha, y van al mercado a ofrecerla, se las pagan aun precio tan bajo, que asiendo cuentas ni siquiera cubrirían la inversión que invirtieron.

Pero eso no es todo aun ay perdidas aun que son aun mayores, por ejemplo cuando el temporal es de mucha lluvia.

O lo contrario llueve muy poco, o que los granizos, o las heladas, acabaron con la cosecha.

En estos casos el trabajo y la inversión, todo se perdió, y si Avia alguna esperanza de que con la cosecha se pagaría algún pendiente.

Pues esa esperanza tanbien se termino. El problema de los campesinos probablemente se complico aun más con el tratado de libre comercio, con los estados unidos, y Canadá.

Estos dos países son potencias muy fuertes, y proveen al campesino con fuertes incentivos. Esto viene a dejar al campo mexicano en serias desventajas.

El gobierno mexicano ayuda al campesino, dándole cierta cantidad de dinero por ectaria.

El problema es que muchos campesinos, solo reciben el dinero, pero no siembran, y si lo asen, después abandonan el trabajo, pues no quieren seguir aresgando a que después, la mucha agua, o la falta de esta, o las heladas, o granizos, acaben con su patrimonio.

Mi sugerencia es que el gobierno deje de darles a los propietarios de tierras.

Y que les de a quienes en realidad la trabajan. Ay muchos campesinos que no son dueños de tierras.

Pero que si trabajan la tierra. La trabajan a medias. Ellos son los que deberían estar también recibiendo la ayuda.

Además el gobierno debería comprarles la cosecha a un precio razonable, de esta manera el gobierno contribuiría a mantener los precios en el mercado estabilizados.

Les aseguraba a los campesinos su patrimonio con un seguro, que después al recoger la cosecha este se pagaría.

De esta manera el campesino no se beria afectado por los sucesos impredecibles.

Los campesinos tendrían asegurado su patrimonio. Esta política aria del campo una muy buena opción.

Pues el ingreso estaría asegurado, y el campo dejaría de verse como un riesgo.

Sino como una buena propuesta, además el gobierno tendría la oportunidad de almacenar suficientes granos.

En sus bodegas.

Para el consumo del país, incluso para exportar, al extranjero si la demanda así lo exigiese.

No obstante esta política posiblemente tanbien repercutiría de una manera positiva, para los ganaderos, que con frecuencia tanbien se quejan.

De la desventaja en la que se encuentra, su producto, la leche, en el mercado.

FILOSOFIA DEL CAMBIO

En los últimos años la sociedad mexicana se ha visto estremecida por tanta violencia.

Que ha estremecido a cada rincón de todos los hogares mexicanos.

Tantas cosas que han sucedido que posiblemente nos hemos preguntado que fue lo que hicimos mal.

Y quizás en seguida nos asemos la siguiente pregunta, que podemos Acer para cambiar.

Y dejar de ver tanta violencia, y inseguridad.

En una ocasión que me encontraba solo, para no aburrirme me vino a la mente ir a visitar a una tía, al llegar aya cual fue mi sorpresa.

Ahí estaban unas lindas muchachas, sobrinas de mi tía, asta me dije yo mismo creo que ise una buena decisión en venir.

Platicamos, después antes de despedirnos, las muchachas me invitaron a una reunión de jóvenes en la iglesia, el siguiente fin de semana, se reunirían a platicar sobre la Biblia

Se llego el día y fui, las muchachas me recibieron con mucha amabilidad.

Y con la misma me presentaron en el grupo. En ese momento el joven, el líder del grupo pidió que nos sentáramos.

Comenzó a hablar, imaginen que se encuentran en un barco en medio del mar, en ese momento el barco comienza a hundirse, que estarían dispuestos ustedes a Acer nos pregunto.

Estarían dispuestos a pedirle disculpas a alguien que hayan ofendido, y pedirle disculpas a dios.

En ese instante, y por un momento el grupo se mantuvo en silencio.

Yo como no queriendo levante mi mano, el joven me observo, y me pregunto.

Cuál es tu respuesta, respondí bueno si a última hora tuviese la oportunidad de arrepentirme, y de pedir disculpas, lo aria.

Pero creo que uno no debe de esperar a que suceda algún acontecimiento para que nos haga cambiar.

Y corregir lo que hicimos mal. Existe una diferencia, en Acer las cosas por la fuerza de las circunstancias.

Cuando se asen las cosas por la fuerza de las circunstancias.

Desde luego que ase mucho bien, además ya es una urgencia.

Mas sin embargo cuando asemos las cosas por instinto, por la naturaleza del pensamiento, estas tienen un mayor aprovechamiento, para la persona, o para la sociedad.

Cualquiera que sea el caso.

Dentro de nuestra conducta social, desde mi perspectiva se percibe una timidez, en el campo social, político, y religioso.

Nos aterra tomar decisiones, nos da mucho miedo Acer cambios.

Que amplíen las perspectivas de la persona y de la sociedad.

Ese miedo es parte de la naturaleza humana. Pero son conductas que con el tiempo se han de corregir.

En una ocasión me encontraba paseando por el centro de la ciudad, Avia un calido sol así que se me antojo sentarme, un poco bajo la hermosa sombra de un hermoso árbol.

No paso mucho tiempo para cuando en eso se aproxima una joven pareja con dos niños ya grandecitos, se van acercando en eso el papa le asota un golpe en la cabecita de uno de los niños.

El niño queda muy avergonzado, y se queda mirando asía donde estaba la gente sentada, me di cuenta que al niño le dolió mas que su papa le hubiera pegado en frente de la gente.

Más que el propio golpe, con el fin de que el niño, no se sintiera aun más mal,

Me voltee asía a otro lado, simulando que no Abia visto nada.

En realidad no se miro que el niño hubiese echo algo inapropiado, como para merecer que su papa le avergonzase de esa manera.

En verdad es cierto que nosotros los papas tenemos el deber, y la obligación de educar a nuestros hijos.

Pero si bien también es cierto, que nosotros los padres, tenemos la obligación de educar a nuestros hijos con buenos modales.

No a golpes, y tanpoco avergonzándoles en frente de la gente.

De manera que ellos se sientan humillados. Educándolos a golpes De esta manera solo concigiremos unos niños rebeldes, ante la misma familia, y ante la sociedad.

Como nos damos cuenta, este es el reflejo, y la semblanza, de nuestra educación.

El mayor deseo de todas las sociedades, es tener una sociedad, ordenada, y pacifica, sin tanta desigualdad, y sin tanta violencia.

Para ello nos incumbe a todos como sociedad, mirar a nuestro alrededor y ver de que manera podemos contribuir al mejoramiento de nuestro pueblo.

O comunidad. En el sexenio calderonista, se experimentaron algunos cambios, desde al inicio de su gestión.

Normalmente era costumbre que al inicio de la gestión de cada presidente, la primera visita, se realizaba a los estados unidos, la casa blanca.

El expresidentes calderón rompió con la regla, y prefirió voltear asía el sur, con los países de centro America.

Otro cambio que es por demás valioso, se hizo un buen ejercicio, de romper con la impunidad.

Como todos nos damos cuenta el gobierno de wuachinton, normalmente desde muchos años atrás, contrata trabajadores para llevárselos a trabajar a sus campos.

Quizás por razones burocráticas, no se les pago a los trabajadores en su tiempo.

Pero se les hizo saber que se les enviaría su pago a México, tiempo después el gobierno de México lo recibió.

Pero no fue entregado a los trabajadores, así se fue el tiempo, los años, y décadas, y séles olvido al gobierno de México, que se les debía a los trabajadores.

Es bueno debes en cuando romper con las costumbres, sobre todo aquellas que solo retienen el progreso.

Inhiben un sano ejercicio de la ética y profesionalismo. Felicidades al expresidente calderón, felicidades, a los extrabajadores que con fe, entusiasmo, dejan a sus familias, para ir en busca de un mejor nivel de vida.

FIESTAS BRABAS

Nuestra sociedad mexicana es por naturaleza muy alegre. Tenemos un perfecto mosaico de alegres colores, además de nuestra música.

Los mariachis, nuestras bandas, y los hermosos bailes folclóricos, además tenemos otros géneros musicales, que caracterizan el emblema perfecto, de nuestra alegría mexicana.

Todo este extenso y variado ritmo musical, provee a nustra sociedad y a nuestra cultura de una rica y extensa variedad de sonido, y ritmo, al estilo mexicano.

Estos sonidos rítmicos asen que nuestras fiestas vibren al ritmo de la trompeta, y al compás del saxofón.

Las fiestas charras son las fiestas típicas de nuestro querido México, los mariachis se visten de charros, con sombreros y traje de Charo.

Y debes en cuando dejan despistadamente ala par de su armonioso canto, un grito que estremece los oídos y nos envuelve sutilmente en ese encanto melodioso.

Ha habido grandes personalidades que han quedado fascinados con la cultura del mariachi, y sus sombreros y sus gritos, en una ocasión que el santo padre visitó a México.

Le pusieron sombrero de charro, y en un mensaje que dio al pueblo mexicano, demostró su amor y su enorme cariño al pueblo mexicano, y aparte dijo que el pueblo mexicano era muy gritón.

Es evidente que tenemos unas costumbres, y una cultura que efectivamente mucho nos enorgullece.

Pero a decir berda, no del todo. Tenemos en México ciertas formas de esparcimiento que si nos causan pena.

Y que si nos gustaría que tanto, el gobierno y la sociedad hiciesen algo al respecto.

Tenemos por ejemplo las fiestas bravas, que no obstante el mismo nombre habla de porsi solo, de lo bravío de la actividad, nosotros queremos una sociedad, ordenada y pacifica.

Por lo tanto debe de ser de nuestra incumbencia, practicar y enseñar con el ejemplo.

La enseñanza pierde su esencia si lo que se aprende no se practica.

En la filosofía de la enseñanza, su valor se encuentra en la práctica.

De nada sirve que en la escuela, o en la iglesia se enseñe a los niños a querer, a amar a los animales.

Si ellos mismos en los ruedos observan como se ensayan con ellos hasta quitarles la vida.

Sobre todo a los menores, que en un futuro cercano, serán ellos quienes se encargaran de Acer aun mas grande esta hermosa nación.

Es alarmante y por que no decirlo, es vergonzoso, la forma en como se ensayan con un toro, nosotros los humanos bendito dios, tenemos un estatus de conciencia, y de razonamiento muy superior al de los animales.

Por lo tanto Acer estas prácticas inicuas nos ponemos al mismo nivel.

Tengamos un poco de conciencia, hagámosle honor a la hermosa frase de don benito Juárez, el respeto al derecho ajeno es la paz.

Esta hermosa frase encierra un significado, muy hermoso y universal, el respeto que nos debemos no se limita únicamente entre los humanos.

Es una ley universal, es un respeto que debemos, ala gente, a la vida, a los animales, a la naturaleza, y todo lo que universalmente existe.

Por lo tanto se exhorta al gobierno, y a la sociedad, que se prohíba, las fiestas bravas, las peleas de gallos, y las peleas de perros.

No podemos, no debemos ponernos al mismo nivel de los animales.

En Una ocasión me encontraba con un señor, el encuentro se trataba de negocios, era la primera ves que nos veíamos, empezamos a platicar sentí que el de alguna manera necesitaba desahogarse, al parecer tenia problemas con su hermano.

En cierto momento lo compara con los animales, entonces pregunte por que te expresas del, de esa forma.

Es muy cierto que en beses nuestras conductas dejan mucho que desear.

Pero de ninguna manera, podemos ni debemos compararnos, ni ponernos al mismo nivel de los animales.

En nuestra sociedad, como en otras de otros países, se da un gran valor al deporte, al juego sano de la pelota, y desde mi perspectiva nuestra sociedad estaría mucho mas beneficiada, si los gobiernos, y la sociedad,

Enriquecieran aun mucho más esta hermosa cultura del deporte, con fuertes apoyos económicos, la sociedad se vería fuertemente beneficiada, y el deporte a laves daría un fuerte impulso a la economía.

Veámoslo así, en los países del primer mundo, como es el caso de los estados unidos, cualquier deporte que se juegue a nivel nacional, o internacional, deja derramas económicas catastróficas a la nación.

POLITICA EMPRESARIAL

Normalmente la política de cualquier empresa es darse a conocer al público sin que esto represente o genere gastos excesivos, extraordinarios, con el propósito de utilizar al máximo el capital en cuestiones de ampliación, remodelación, y modernización, de la empresa.

De equipo, de imagen, y todo lo que sea posible para Acer de la empresa una empresa fuertemente, competitiva, fuertemente productiva, y muy accesible al publico.

Se tiene muy bien en cuenta la preparación del personal, séle asigna un periodo de preparación, y periódicamente se le envía a talleres, de preparación, para mejorar, su auto estima, y su entrega ala empresa.

Todo esto redunda en bien de la empresa, y del personal, el personal desempeña mejor su función, se enferma, se accidenta menos.

En lo que respecta a la empresa, se mantiene en un constante proceso de modernización, esta política ase de las empresas, ser líderes en el mercado.

Es posible que la política de nuestro país, en un futuro cercano se encuentre tanbien, en niveles, y en condiciones, de Acer de México un país prospero, y por que no tanbien líder.

Podemos aspirar a ser algún día líderes, mejorando nuestra conducta y nuestro desempeño, en todo lo que asemos.

Y me párese que una manera de empezar es gastando menos, por ejemplo cada que ay elecciones en México, se escucha decir, que las elecciones son muy costosas en México.

Son más costosas, que las de otros países, incluso países que están aun más desarrollados que el nuestro.

Además en mi opinión, me párese que en México ay muchos partidos políticos.

Si recordamos las políticas de las empresas, normalmente cuando las empresas tienen personal demás, lo que asen es empezar a Acer recortes.

De esta manera empiezan a ahorrar, y ese dinero lo empiezan a invertir, en Acer la empresa más productiva. Además me párese que se tiene una impresión un poco equivocada, sobre el ser político.

Pertenecer a la política, la política es una hermosa ciencia, como lo es cualquier otra ciencia, por ejemplo la ciencia de la medicina.

Las dos son tan hermosas, y las dos tienen un significado, una función, y un valor incalculable, para todas las naciones en la tierra. Pero el echo de ser político en México.

No debería significar que por ello se goce de privilegios, de los cuales en otras funciones no se conceden.

Como ejemplo los presidentes terminan el sexenio, y continúan con privilegios, ay ciertos privilegios que si lo ameritan.

Como es el caso de la protección, a su persona y a sus familias.

Pero me párese que el monetario debería estar fuera del contesto.

Ahora bien los privilegios parecen no ser exclusivos de quienes ostentan cargos de alta jerarquía, por ejemplo un trabajador de PEMEX.

Tiene buen sueldo, buenas prestaciones, vacaciones pagadas, un trabajador de comisión federal, cuenta con buen sueldo, buenas prestaciones, vacaciones pagadas, y por si algo faltase, se le regala el servicio de la luz.

En cambio un trabajador de albañilería, si corre con suerte, trabajara toda la semana, y si no solo tres, o cuatro días, y por lo tanto, solo esos días, son los que se le pagaran.

No tiene seguro, no tiene prestaciones, no tiene vacaciones pagadas.

Y su sueldo es muy inferior, al de los demás. Mas sin embargo ay que tomar en cuenta que así como el caso de los trabajadores de la albañilería, ay en el país muchas otras profesiones que se encuentran en las mismas condiciones si no es que peores.

MURO MEXICO, ESTADOS UNIDOS

Durante los últimos años a habido una ligera mejoría, en nuestra economía, aun así el crecimiento a sido insuficiente.

Las fuertes crisis pasadas han echo muy lento, y tardía, la recuperación, las consecuentes crisis, y una fuerte tasa de desempleo, han obligado a miles de connacionales, a migrar al vecino país del norte.

Esta fuerte tendencia por parte de nuestros ciudadanos, de migrar al vecino país del norte, ha ido en aumento.

El interés de nuestros ciudadanos, paralelo al interés de otros ciudadanos de otras naciones, por alcanzar el sueño americano.

Han contribuido a que el gobierno de los estados unidos, vea con cierto escepticismo el curso migratorio hacia su territorio americano.

Este sélo por su país aunado ala desconfianza por la migración, que en los últimos años ha ido en aumento, propicio a que el gobierno, y los congresistas estadounidenses tomasen decisiones un poco convencionales.

Y con ello tomar la determinación por construir un muro que divide a México con los estados unidos.

Es una practica que a todos los mexicanos nos avergüenza, y muy probablemente es que también a muchos estadounidenses.

A las dos naciones les une fuertes lasos, y principios universales, que están mas halla de los estereotipos sociales.

Cualesquiera que sean sus razones creemos entenderlas. Sabemos que nuestra política no a estado, o talvez no estuvo a la altura de las circunstancias.

Yo en lo particular estoy un poco en desacuerdo en algunas lagunas políticas del gobierno mexicano.

En los últimos años han muerto en la frontera con los estados unidos, barios connacionales en manos de la migración estadounidense.

En el algunos casos la forma en como se suscitaron, causo molestia y enojo.

Y me pareció que una queja enviada frente a los medios no fue suficiente.

Pero en fin, lo más probable es que talvez no sea yo el único que este en desacuerdo.

Quizás talvez dentro del núcleo social, pudiese haber mas personas que su opinión sea la misma que la mía.

Pero en mi opinión, y en nombre de tantos connacionales que pierden la vida, cruzando la frontera, y en nombre de tantos jóvenes, y jovencitas, y adultos que andan en busca de empleo.

Se les exhorta a los políticos, que se pongan a la altura de las circunstancias.

Que dejen de pelearse frente a las cámaras, que dejen de lado los intereses talvez personales, o talvez partidistas.

Y que se trabaje, con un solo fin con un solo proyecto, y dentro de la política el único proyecto es el país es México.

Quizás alguna ves nos hemos de haber preguntado, por que el proyecto de el mes de diciembre el teletón a tenido tanto éxito.

Aquí tenemos una muestra de que la sociedad, los empresarios, confían más en los proyectos altruistas, y prefieren obsequiar ese donativo a proyectos no lucrativos.

ALBEDRIO

En una ocasión caminando por la calle un joven me abordo y me pregunto, ando en busca de trabajo de casualidad no sabes de alguien que tenga trabajo.

Con mucha pena y tristeza, le dije no la berda es que no se de alguien, que tenga trabajo.

En este joven la falta de empleo al parecer no ha causado tanta frustración. Pues no párese sentirse cohibido, y ni siquiera siente timidez al preguntar.

Sin embargo avía otro caso un poco diferente, en otra ocasión una familia invitaron a un prominente hombre de negocios.

A un convivió familiar, el hombre acepto pero aclaro que se retiraría temprano. pues Abia estado fuera de su casa por barios días, y quería estar mas tiempo con su familia, tanbien invitaron a mas familias, entre ellas Avia una familia que el esposo Juan ya tenia barias semanas desempleado, hubo recorte de personal en la empresa en donde trabajaba y a el le toco que lo descansaran.

Se llego el día del convivió, y la gente empezó a llegar, llegaron ya varias familias, entre ellas la familia de Juan que no tenia empleo.

El personal encargado los acomodo, en seguida llego el empresario, con su familia, el personal encargado los sentó junto a la familia de Juan.

Ellos no se conocían así que esta era una excelente oportunidad de conocer nuevos amigos.

El convivió empezó, empezaron a servir el menú, el empresario intenta quebrar el hielo, con Juan el hombre que esta sentado a su lado, pero este se encuentra un poco distraído, quizás los problemas no le permiten conectarse con los demás.

Después de rato que se termino el menú el empresario empieza a despedirse se fue, rato después un amigo se acerco con Juan y empezaron a platicar, Juan le platico a su amigo que ya tenia barias semanas desempleado.

Que si de casualidad no sabia de algún empleo. El amigo le responde no, no e sabido de algún empleo, y el amigo le pregunto a Juan, no le preguntaste al empresario si tenia algún empleo.

Juan pregunto cual empresario, el amigo le responde el hombre que estaba sentado a tu lado, es un destacado empresario, quizás el tiene trabajo para ti.

Juan queda en silencio recordó, que casi no cruzo palabra con el. Se sabe que en México se invierte poco tiempo en la conversación, ignoramos los grandes beneficios que esto acarea.

Practique este hermoso arte, un momento de conversación le aporta satisfacción, confianza, fortaleza, conocimiento, y en beses asta sabiduría.

Cuando yo era chico, recuerdo haber escuchado a las personas mayores, la vida es una enseñanza, en donde se crece y se aprende.

Todo lo que estamos aprendiendo, conforma un cúmulo basto de ideas, experiencias, y conocimientos, que asen de nuestra persona, y de nuestra vida, más alegre, y más placentera.

Nuestra felicidad, y el éxito que tengamos en la vida, dependen en mucho del conocimiento, y de la experiencia ganada, através del tiempo, y através de una posible preparación si es que se cuenta con ella.

El medio ambiente en el que nos desenvolvemos, influye mucho, en nuestra vida, y por consiguiente también nosotros podemos influir en nuestro medio ambienté.

Siempre han existido valerosos, hombres y mujeres, que han influido, en su entorno, en su comunidad, y en el país.

Y por consiguiente han logrado que la vida sea mas cómoda y placentera, como un ejemplo a citar, nuestros antepasados lucharon por dejarnos un país, independiente, libre y democrático.

Gracias a todos ellos que con su valor, y su entrega nos legaron un país, independiente.

Pero aun así es importante advertir que pese a tantos, ventajas y beneficios que se han conseguido, para simplificar y que los ciudadanos vivan con mejores niveles de vida.

Aun seguimos teniendo mucha burocracia en México.

La poca liberta que ofrece nuestra educación, y una fuerte burocracia política, y religiosa.

Impiden un sano libre albedrío, a los ciudadanos, específicamente a la mujer.

Aspirar a un mejor nivel de vida, de educación, posiblemente es una aspiración y un derecho de todo ciudadano.

Forjar familias, forjar comunidades, forjar una nación, más culta, con estándares educativos de más calida, es lo que nos interesa y es lo que nos ocupa a todos.

En las familias mexicanas, no en todas, existe una timidez al acercarse los papas a los hijos y hablarles con confianza, y con el respeto que todos se merecen incluyendo el tema.

Sobre los posibles riesgos de la sexualidad. Un sano convivió y de plática proporciona unos hermosos momentos, con la familia.

Estos aportan a la familia felicidad, confianza, y fortaleza. Esta confianza que los papas se han ganado, les brinda la posibilidad de que los hijos platiquen todas sus dudas, inquietudes.

De esta manera los papas los conocerán mejor a sus hijos y les podrán ayudar mejor, en sus asuntos personales.

Posiblemente para algunas familias participar juntos, en pláticas que siempre son confortables, agradables y hasta indispensables.

Por que ahí se explora la confianza, y periódicamente relucen opciones de propuestas para ciertas circunstancias en las que cotidianamente, nos vemos expuestos.

De esta manera y casi siempre sin los mayores esfuerzos, estas familias resuelven sus problemas y las de sus hijos.

Sin mayores complicaciones, por el habitual costumbre que tienen. De estar siempre unidos. Para estas familias los posibles problemas que puedan enfrentar los hijos, parecen ser fáciles de resolver.

No obstante debido a la fortaleza, y ala madures con la que tocan los temas, esa fortaleza les previene a los hijos de caer en problemas en la calle, en el trabajo o donde quiera que se encuentren.

Como vemos las enormes ventajas que provee, la unida, y el dialogo.

Pero bien veamos que es lo que sucede en las familias que por circunstancias ajenas, no puede existir esa armonía tan anhelada en los hogares.

Ay hogares en donde las parejas tienen dificultades para armonizar su relación de pareja.

En beses les toma mucho tiempo de constantes esfuerzos, y luchas, he intentos por salvar su relación.

La falta de educación y en cierta manera los problemas económicos que suelen ser parte de la vida cotidiana dificultan y asen la relación mas tensa.

La cultura del machismo tan marcada en nuestra sociedad, y en nuestra forma de vida.

Le delega a la mujer toda la responsabilidad, así es que ella sabrá que es lo que ase y como resuelve, el problema si en la casa no ay el sustento, y como va a resolver la educación de los hijos.

Si los hijos observan, que incluso la relación entre ellos mismos es con frecuencia tensa y difícil.

Obviamente que los hijos no ven la posibilidad de cómo acercarse a ellos, para platicar sus problemas, sus inquietudes.

Con el correr con el que el tiempo suele correr, una de las muchachas se embarazo, del hombre menos indicado, que ni siquiera la quería, para el solo se trataba de una relación de paso.

En cuanto ella le platico de su embarazó el se perdió.

Así se pasa el tiempo y la señorita no sabe que Hacer, no tiene valor de decírselo a su mama, y mucho menos a su papa.

Su problema cada ves la asusta mas, al grado abecés de pensar en el suicidio.

Pues cree que en el momento que ellos se enteren la correrán de la casa. Es muy probable que la mayoría de nosotros estamos ya muy famililiarisados con estas tristes historias.

Que desafortunadamente ocurren en nuestra sociedad. Y lo triste es que abecés, cuando sabemos, o conocemos a alguien que se encuentra en esta situación, abecés no sabemos como ayudar.

Ni la iglesia, ni el gobierno, ofrecen una solución para quienes enfrentan esta situación. Siendo el hombre y siendo la mujer, tan libre como nuestro creador así quiso desde un principio, que fuésemos libres.

Desafortunadamente nuestra educación, y la burocracia política, se han encargado de que en México la mujer no ejerza su derecho divino que dios vendito sea, desde un principio nos lo concedió a todos por igual.

Desde un principio nuestro creador, nos concedió esa hermosa chispa divina, nuestro albedrío. Para que el y ella fuesen libres.

Y así el y ella, escogiesen su camino, su rumbo, y su destino, entonces pues por que no considerar la posibilidad de que la mujer elija por ella misma, que sea ella y solo ella, la que decide su camino, su historia, y su destino.

Que sea ella, la que con propia luz, elija su destino, y le de luz, a su, vida, y a su historia.

Considero que no esta dentro de la incumbencia de los hombres, que decide y que no decide la mujer, en torno a su vida, y a sus asuntos privados y íntimos.

Considero que solo es de la incumbencia de DIOS, y de ella misma.

Me párese que nosotros los hombres debemos de estar ajenos de cualquier actitud, o conducta pagana.

Que solo retrasa, restringe, un sano convivió, una buena relación, y un sano crecimiento, físico, moral, y espiritual.

Dejemos pues a la mujer que elija por ella misma, y proveámosle educación que al final de cuentas, a todos bien que nos ase tanta falta.

Proveámosle de atención quirúrgica, si es que ella así lo requiera. Veamos la educación desde otra perspectiva, como una excelente forma para crecer.

Y démonos la oportunidad de ser todos libres por igual. El destino se a encargado de ponernos a cada quien en el lugar en donde debemos de estar.

En consecuencia cada quien en el lugar que esta, con el pleno uso de la razón, y de la elección, embellece, su vida, y su historia, casi todas las historias están escritas con llanto, con dolor, y algunas asta con sangre.

Lo complejo que es la vida, ase que para algunos personas sea muy difícil, lo que ase a la vida compleja es esa hermosa chispa que dios por amor obsequio a la humanidad, El libre albedrío.

Sin el albedrío, sin esa hermosa chispa divina, la vida no seria compleja, tanpoco habría historias para contar, por que todo estaría bajo una misma simetría, todo estaría arreglado con la mano de DIOS.

Pero DIOS sabe por que izo las cosas, como dijo un pensador, DIOS esta en los cielos, y aquí en la tierra todo esta muy bien. Efectivamente aquí en la tierra todo esta con armonía, y si DIOS obsequio a la humanidad, su liberta fue por que seguramente dios ama tanto a la humanidad, que aun sabiendo de lo infinitamente imperfectos que somos, y que por nuestra imperfección no haríamos un buen uso de nuestro albedrío.

Pero a DIOS esto no le importó, y nos regalo liberta para que nosotros mismos elijamos nuestros proyectos, nuestros caminos, nuestros propios actos, nuestros propios sueños, y nuestra propia historia.

Evitemos dejar sola a la mujer, a que exponga su vida tomando decisiones equivocadas. Evitemos ver monstruos en el camino pues solo son pequeños obstáculos, que ayudan a forjar el carácter, de la persona.

Propongámonos ver la vida y entenderla, con nuevos campos de visión y de entendimiento, y decidámonos, conquistar una nueva cultura, de amor y de respeto, y de gratitud, a nuestro cuerpo, y creo que una manera de agradecimiento a nuestro sagrado cuerpo, es sencillamente implementando la cultura de la cremación, a nuestros sagrados cuerpos.

Es un acto digno y sagrado, es un acto de justicia, y una forma de agradecimiento por tanto tiempo prestado.

Además promover una cultura, de limpieza, y de vida, en los campos santos, estos siempre todo el año están solos y desérticos, con mucha maleza, y tierra, por que no enverdecer estas áreas.

Y dotarles de vida, con plantas, pasto verde, árboles, que sea realmente estas hermosas áreas, sinónimo de vida y no de abandono y de muerte.

EDUCACION

En los últimos años la educación ha sido el tema central, en los gobiernos y en las noticias.

Y creo que con justa razón. El gobierno ha tomado más en serio esta hermosa materia.

Los bajos índices educativos que se han registrado en las escuelas, tanto públicas como privadas, han sido suficiente motivo de alarma y preocupación, Para los gobiernos y para la sociedad.

La educación son los cimientos de la sociedad, los cimientos de la impartición de justicia, y de una sociedad prospera.

Desafortunadamente la educación por ciertas razones se descuido, y este descuido a incluso perpetuado en la forma de impartición de justicia, y desafortunadamente también en nuestros modos de vida, en nuestra cultura.

Y como un ejemplo de esto, podemos ver casi en todas las ciudades de nuestro querido México, basura por doquiera, en las calles, carreteras, a campo libre, arroyos, y ríos, al parecer ya se nos hizo costumbre, mirar basura por todas partes.

Sin pensar que además de una pobre imagen, esta pobre costumbre trae consigo serias consecuencias, y como ejemplo de ello, en la ciudad de México algunas colonias han tenido serias pérdidas con su patrimonio.

Debido a que las coladeras se tapan con la basura, y al momento de fuertes lluvias el agua no tiene salida, provocando serias perdidas, en los patrimonios de las familias.

Además del daño amviental que se causa. En una ocasión me encontraba platicando con una gran amiga. Y el tema consistía en como a uno le interesa tanto dar una buena imagen a los demás.

Al parecer esta cultura de dar una buena imagen, la tenemos muy bien centrada, pero únicamente a nivel personal, pues a nivel colectivo aun nos falta trabajar en ello, el caso es que mi amiga y yo teníamos como tema la buena imagen.

Recordábamos como es que cuando uno por primera ves ba. A conocer a alguien que es de gran importancia para uno, uno se esmera en no perder ni un detalle, es tu primera sita, con la hermosa chica de tus sueños, y buscas el pantalón, la camisa, y los zapatos que crees que te sienta mejor.

Y todo por que quieres impresionar la chica de tus sueños. O vas a una entrevista de trabajo, te urge el empleo, y quieres impresionar a al que puede ser tu futuro jefe.

Lo que ases es cuidar ir bien presentable, con la ropa adecuada, y el mejor currículo posible, para que tu futuro jefe se lleve una buena impresión y te quedes con el empleo.

Talvez alguna ves les a tocado manejar por la callé, de pronto la luz verde se cambia en rojo, detienes el auto, segundos después, se detiene otro auto justo a tu lado, como despistadamente volteas, es una hermosa chica.

Y se esta maquillando, posiblemente el tiempo en la casa no le alcanzo, y aprovecha los semáforos para ponerse mas hermosa.

Y abecés si el semáforo es de esos que se tardan mucho en cambiar pues que mejor, no. Las mujeres saben muy bien como versé bonita.

Me decía mi amiga que ellas las mujeres acostumbran con frecuencia fijarse entre ellas mismas, y observar lo que llevan puesto, de esta manera observan si lo que llevan puesto les favorece.

Quizás para aplicarlo a ellas mismas. En ese instante mi amiga me pregunto, y ustedes los hombres en que se fijan en otros hombres, me tomo de sorpresa, y no sabia que contestar, pero pronto reaccione y respondí, nosotros los hombres casi no nos fijamos en los demás hombres.

Y me vuelve a preguntar y entonces, en que se fijan. Y respondí normalmente nos fijamos en sus logros y en la forma en como fueron conseguidos.

Posiblemente todos hemos escuchado decir que la primera impresión es la que mas cuenta, y quizás por instinto.

O talvez por la experiencia, es por que ya estamos

Acostumbrados a darle más valor a la primera experiencia.

Dar una buena imagen, y vernos, y sentirnos bien, es parte de nuestra educación, y de nuestra cultura.

Quizás por eso la mercadotecnia a sabido como influir, en nuestro modo de vivir, y no dudan en ofrecernos un sin numero de formas, por radio o por televisión.

Para vernos bien, que el tinte para cambiar el brillo a tu cabello, la crema para que te veas mas joven.

Es importante resaltar que aunque los productos del mercado tienen una función positiva, no por eso se debe de caer en una fuerte dependencia en ellos.

Como nos dimos cuenta es importante cuidar de la apariencia física.

Pero quizás también es muy importante cuidar de la apariencia interior.

Con frecuencia algunas costumbres llegan para quedarse. En las personas, y en la sociedad.

Muchas de ellas son buenas, muchas otras no, no obstante si intentásemos contarlas con los dedos de nuestras manos quizás no completaríamos.

Estas son como un imán, se adhieren tanto a la persona, como a la sociedad.

Que son muy difíciles de arrancase. Estos son los esteriotipo de nuestra sociedad. Nuestra manera de prejuzgar, y una actitud de indiferencia, asía las personas con preferencias sexuales diferentes.

Una costumbre machista entre los barones, muy bien arraigada dentro de nuestra sociedad. Que si bien por la ya costumbre con la que se vive, puede pasar desapercibida por la sociedad.

Mas no es así para aquellas familias que a diario tienen que lidiar con la desinconcideracion, i incomprensión por parte de su cónyuge.

Tanta indiferencia, tanto el desamor, propio, como por el de tus raíces, y tu país que pareciese que empezamos a olvidarnos, de los lasos que nos unen, y no falta quien prefiere llevar a su mujer a los estados unidos.

A que se alivie, y de a luz en aquel país, como si fuese una forma sutil de rechazo, Asia nuestra cultura.

Preferimos escoger nombres americanos para nuestros hijos, o incluso importar costumbres extranjeras disfrazadas de jalowin, o como se le llama día de las brujas.

Que lastima que nos olvidemos de nuestras hermosas costumbres, y nuestra hermosa cultura. Esta cultura.

Es tan hermosa, como la de cualquier otra en la faz de la tierra. Y como en cualquier otro país, debe de sentirse un gran orgullo que nuestros hijos sean mexicanos.

Pues este país es tan hermoso como cualquier país sobre la tierra.

Y sabemos que sin importar las numerosas oportunidades que otras naciones puedan ofrecer a los ciudadanos.

Aquí tenemos nuestras raíces, aquí esta nuestra gente que queremos, aquí tenemos un esplendido pasado, que mucho nos enorgullece.

Que sin importar que es lo que puedan ofrecer otras naciones nuestro país siempre será el que va ocupar nuestra razón, nuestra memoria, nuestros cinco sentidos, y nuestra imaginación en donde como si fuese un lienzo blanco.

Expresamos nuestra manera de sentir, nuestra manera de vivir, nuestra manera de amar, y nuestra manera de soñar, y de llorar, se aprende que no se debe de lucrar con la educación.

O con la profesión, que un pago justo por el trabajo desempeñado es suficiente, y que pedir limosna a cambio de concretar el servicio público, o por Acer algo que vulnere el principio de la ética.

Únicamente disvirtualisa la imagen, de la persona, el carácter, y la soberanía.

Aprendemos que es el dialogo, y no con marchas o plantones, serrando calles, y carreteras, como se concretan acuerdos.

Aprendemos que es posible dejar atrás absurdas practicas, y costumbres, de sobornos, y actitudes mezquinas.

Y concentrar nuestra razón en propuestas, a favor de la nación.

Promoviendo modernos y ambiciosos proyectos hidráulicos de agua, que allá suficientes liquido en todas las regiones del país, no únicamente para el uso básico.

Sino que tanbien para convertir al país en literalmente áreas verdes.

Si bien Bale la pena recordar, que detrás de nosotros han existido valientes hombres y mujeres, que se entregaron sin reservas por construir un mejor país.

Por Acer de esta nación mas prospera, y mas democrática.

Sabemos que algún día germinara la semilla, que al igual como lo hicieron los niños héroes, cuando miraron que ya poco se podía Acer, para defenderse del enemigo.

Prefirieron tirarse al precipicio, y llevarse con ellos la bandera, la gloria, el honor, y el orgullo, de tener una hermosa nación.

Este es el verdadero ideal, el verdadero espíritu idealista, esta es la frontera de la magia de la inspiración, el verdadero esplendor del idealismo universal.

En donde nada acaba, nada muere, esta ahí como un ejemplo de honor y de justicia, como un eterno culto a la grandeza.

El mundo conoce a México, por su hermosa historia, sus pirámides, sus hermosos mares, sus océanos, hermosas playas, sus hermosas selvas tropicales, sus ríos y calidos desiertos, sus inmensas riquezas en oro, plata, y cobre, y un sin fin de riquezas que ostenta el país, sin duda mucho de que orguyesernos.

Es sin duda un echo innegable México es inmensamente rico, en vienes materiales, petróleo, metales preciosos, pero ay otra riqueza que es aun mas sagrada, nuestra educación.

Nuestra educación nos da las pautas a seguir, de acuerdo a esta adoptamos costumbres, modales, hábitos, formas de vida.

Pero si esta no la tenemos muy impregnada, con principios y valores universales, podemos ser presa fácil de pobres costumbres. De acuerdo a la solides de nuestra educación, es como se van abriendo ventanitas a una mejor vida, una mejor salud, una mejor relación con uno mismo, con la familia, con la comunidad, y con el país. Y por que no con el mundo.

Todos vivimos un continuo proceso ascendente, pero mientras que esto nos ocurre, también nos encontramos bajo las influencias de la tentación, y nos permitimos sucumbir ante estas.

Y permitimos llevar una vida conformista, y es muy común conformarnos con lo que cotidianamente vivimos. Pensamos bueno trabajo seis días o cinco según sea el caso. Sostengo a mi familia, mis hijos van a la escuela, mi mujer aparentemente es feliz en la casa.

Cuando podemos los domingos asistimos a la santa miza.

Existe una frase común que ya todos conocemos, cada cabeza es un mundo. Eso nos permite pensar que ay un mundo inmenso de diferentes ideas, y contrastes.

Abra quienes pensamos bueno yo trabajo cinco días a la semana, le doy a mi mujer para el gasto, y el resto es justo que yo Melo gaste con los amigos.

O como ya lo decíamos es un mundo de contrastes, abra quienes ni siquiera aporten el sustento a la familia.

Como nos damos cuenta estas costumbres son tan añejas, y tan bien sembradas, en nuestra sociedad, que alpareser tenemos el modelo perfecto de sociedad que aun no se atreve a romper vínculos con el finito estado de la conformidad.

A nivel personal, no nos afecta para nada, que la vida se nos Balla, y que al final del día, no se aya construido nada, solo tres o cuatro años de estudio en la primaria.

Eso si tuvieron suerte por que ay quienes, solo tuvieron un año o dos de escuela. No obstante abra quienes ni siquiera fueron a la escuela. Esta es la manera en relación, en como comprendemos a la vida, como pensamos, como actuamos con respecto a la vida.

Con respecto a lo que nos mueve, con respecto al amor propio. El amor por la familia, el amor por la comunidad, el amor por el país.

El amor por la educación, por el progreso, y la supervivencia, mas no por la legalización a las drogas.

Por lo tanto no nos podemos sorprender, que si no tenemos valor para mejorar el estatus de nuestra propia persona, tanpoco tendremos valor para mejorar el estatus de nuestra familia, tampoco abra valor o voluntad, para mejorar el nivel de vida de nuestra comunidad, y por lo tanto no abra valor de mejorar el nivel de vida de la nación.

Por lo tanto la posibilidad de englobar un modelo educativo universal, en nuestro sistema educativo, es cada vez más lejana, un modelo en donde el pensamiento.

Pueda trascender las ataduras de lo territorial, y de las fronteras, y la visión rompa con el esquema del patriotismo, para adentrarse, en un sistema de rehén tendimiento universal.

Si todo esto se vislumbra como en un lejano, horizonte imposible de realizar. Pues entonces que podemos esperar, probablemente aceptamos que ya se nos hizo costumbre ver nuestras calles sin asfalto, y las pocas que tienen, están quebradas, y llenas de baches.

Se nos hizo costumbre tener poca agua en nuestros hogares, por que de hecho en algunas regiones ni siquiera para lo esencial tienen.

Se nos hizo costumbre que cada que ay algo que me molesta, serrar las calles en forma de protesta.

Estas son las costumbres mexicanas, es toda una filosofía de la vida al estilo mexicano.

Necesitamos romper las costumbres y hábitos, que nos atan, con la conformidad, implantar hábitos con cimientos sólidos, con conductas y costumbres que reflejen un verdadero espíritu de servicio, y de amor por uno mismo, amor por la ética, y por la verdadera vocación.

Más no por el dinero, amor por la familia, y por la sociedad en su conjunto.

Amor por el progreso tanto a nivel personal, como a nivel colectivo, tenemos una cultura falsa, una comprensión equivocada sobre el valor que tiene el dinero, debemos conocer realmente la dimensión y el verdadero valor que este tiene.

Conozcamos que el dinero solamente nos es útil para el intercambio de bienes materiales, más no bienes inmateriales.

Es imposible comprar apetito para deleitarnos con un rico platillo de carne azada. Es imposible comprar deseo por la lectura, y por aprender, es imposible comprar la educación.

Esta se obtiene con deseos de aprender, con mucho esfuerzo, y mucha disciplina, y valor para corregir posibles errores y obstáculos.

Es una costumbre equivocada, pensar si no paso el semestre, pagare al director para que me pase. Con este pensamiento solo se están engañando.

Sin educación no ahí progreso, debemos de evitar de pensar que comprando las cosas solucionamos los problemas, solamente los estamos maquillando, y engañándonos nosotros mismos.

Tenemos una indeseable dependencia Asia el dinero, y hacia los estados unidos, como nos damos cuenta el país siendo tan rico, desafortunadamente nuestra educación no nos marca las pautas para hacernos independientes, y con ello producir nuestros propios combustibles.

Nuestras propias gasolinas, nuestros propios granos, no es esta acaso una cultura triste y desafortunada.

Que habiendo tanta riqueza, con tanto petróleo, con enormes campos fértiles, la gente se vea obligada a dejar su familia, su país, para ir a buscar los medios para ofrecer a sus familias un mejor nivel de vida.

Es de suma importancia desvincular a la sociedad de la insana costumbre al dinero, dejar de pensar que comprando las cosas se soluciona su futuro, como tanbien es muy importante que el gobierno federal se desvincule de la insana dependencia que tiene hacia los estados unidos americanos.

Esta fuerte dependencia que tienen hacia ellos solo les acarea un insano círculo vicioso, que retrasa y obstaculiza al país un verdadero progreso.

El país esta constituido por leyes, y principios, y es nuestra educación, los buenos modales buenas practicas, y las buenas costumbres las que aran de esta hermosa nación mas grande y prospera.

En la historia universal yace el soberbio encanto por el servicio, esta es infinitamente grande en historias, llenas de gloria, y de triunfos, ahí descansa tiernamente el hermoso principio de la lealtad.

Los grandes héroes que han traspasado, la frontera de lo material y de lo absurdo, llevan consigo en su pecho, y en su corazón, este noble principio, conocen su naturaleza y su pureza, y su universalidad.

Éstos grandes héroes se percatan de su esencia, y distinguen a la perfección la función del dinero, se dan cuenta que este solo tiene una función finita, por lo tanto es justa la dimensión que le otorgan.

Hagamos pues cambios en nuestra forma de vida no, por que sea un deber de que además lo es, pero hagamos cambios por que este es justamente nuestro estilo de ser.

Es nuestra naturaleza, y nuestro instinto, es nuestro pensamiento.

Cambiar de un estado finito, a un estado infinito, donde las leyes, reformas, y principios, salvaguardan los derechos, y la integridad física, emocional, y espiritual, de cada individuo, de cada animal, cada planta, cada árbol, su universalidad no distingue formas, ni criterios, son leyes que protegen a todo lo existente por igual.

DESTINO

Con mucha frecuencia estamos acostumbrados a delegar toda nuestra confianza, a nuestros cinco sentidos, de hecho en las escuelas nos enseñan a confiar plenamente en ellos.

Y a desarrollarlos mejor, para un mejor desempeño, afirmamos que comprender mejor los cinco sentidos, nos garantiza mejores oportunidades, y mejor éxito en nuestras vidas.

Pero aunque ponemos toda nuestra atención en nuestros cinco sentidos, de repente no falta en que nos equivoquemos, y no falta que salga mal. Y cuando eso sucede nos preguntamos, que fue lo que nos paso, nos equivocamos, y si somos hábiles en responder, nos contestamos.

Nos decimos es de humanos equivocarnos, después de todo los humanos tenemos deshecho a equivocarnos, pues para eso estamos aquí para aprender de nuestros errores, pero después que pasa cuando una y otra ves nos seguimos equivocando.

Pareciese que no hemos aprendido la lección, o somos lentos de aprender, pero preferimos mejor culpar al destino, el destino es tan amable con nosotros, que nunca ase una objeción.

Por lo tanto podemos culparlo las beses que queramos, que nunca nos ba. A contradecir, pareciese que dios ya sabia de nuestra profunda debilidad, y nos pone un buen amigo, un buen compañero, nuestro destino.

Recuerdo cuando era pequeño, se suscito un conflicto similar al tema que se esta abordando, era la feria de la virgen, ya nos imaginamos como se pone de ambiente todo, música, bailes, misas, cohetes, en dos ocasiones a un muchacho le explotó un cohete, la primera ves no le alcanzo a serle daño, pero la segunda ves, si lastimo seriamente su mano.

En el rancho habían unos señores que por las tardes se reunían a platicar, y al día siguiente que el muchacho tubo el accidente, los señores tenían ese tema de conversación, unos afirmaban que el accidente el lo provoco, por no haber tomado las precauciones necesarias, en cambio otros afirmaban que el accidente ocurrió por que el destino así lo Avia querido.

Que dilema, es el destino o es en beses nuestra falta de experiencia. Cualquiera que sea el caso a nosotros los humanos, nos a parecido muy cómodo depender del destino, y culpar a el, de nuestros errores, no obstante ay beses que asta lo asemos con fines terapéuticos.

Se nos adelanto el vecino, le dice la vecina a su vecina, y esta responde si así quiso el destino.

No obstante estamos tan familiarizados con el destino que lo asemos cómplice de nuestros pretensiones, y al momento en que nos encontramos platicando con el amor de nuestra vida, por tal de convencerla se nos complace decir el destino me puso en tu camino, para que seas parami.

Que tal asta presumimos de poetas. Por tal de conseguir el objetivo.

No cabe duda que en beses el destino, nos pone frente a personas, que incluso por toda la eternidad viviremos inmensamente agradecidos.

Por avernos encontrado, y quizás como esta hermosa experiencia, ojala y pueda Haver muchas mas, experiencias como estas en sus vidas. De cualquier manera no olvidemos de que antes de sentarnos cómodamente a la sombra de un hermoso árbol, y esperar a que el destino nos ponga frente a una hermosa casa, o frente a un lujoso automóvil.

No ay que olvidar que detrás de estas hermosas oportunidades, y bendiciones que el destino nos ofrece existe detrás una ardua preparación.

El destino es muy Savio, y sabe que primero ay que trabajar en nosotros, para que después que estemos preparados ponernos frente a las oportunidades.

Para que de esta manera nos veamos más beneficiados. De que serviría que el destino nos pusiese frente a un buen empleó.

Si no tenemos las cualidades que se requieren para ese empleo, y aun suponiendo que el empleo nolo ofrecen, este no lo desarrollaríamos apropiadamente por la falta de preparación.

Lo mas probable es que la empresa desista, y decida ofrecérselo a quien esta mas preparada. No obstante algunas personas que tuvieron una buena oportunidad, se dan cuenta de que tuvieron una buena oportunidad asta después que la perdieron.

Y tiene oportunidades para todo individuo, y las oportunidades que nos ofrece se ajustan perfectamente a nuestras habilidades, conforme la persona se va desarrollando en el ambiente y en habilidades las oportunidades también van ascendiendo de nivel.

De esta manera el destino ofrece continuamente a toda la persona oportunidades de mayores niveles, y continuamente de mayores jerarquías.

Es importante advertir que aunque el destino se encarga de ponernos las oportunidades en frente.

Mientras que no exista una preparación previa para acender a mejores niveles, las oportunidades que el destino nos ofrecerá, solo serán escasas y de muy bajo rendimiento. Por lo tanto nos mantendremos bajo los niveles de escaso rendimiento.

GOBERNACION

Posiblemente habremos muchas personas quienes estamos ya muy familiarizados con la frase tan común que se escucha enbeses con frecuencia.

Cada país tiene el gobierno que se merece. Y lo más probable es que al igual que yo.

Pueda haber más personas quienes objetamos. Con dicha frase o versión.

En mi tierra específicamente en mi encantador rancho, existe otra frase que es también popular, cuando el arrollo suena es por que algo lleva.

Que significa, acaso le ase honor a la primera frase.

Cualquiera que sea la opinión de quienes me lean, lo mas seguro para un servidor es que nuestra sociedad requiere de cambios, cambios que estimulen el pensamiento, y un nuevo estilo de vida.

Es por demás recordar que si bien nuestras autoridades nos afirman que tenemos el mas fiable sistema de elección, que es el ife.

Y por lo tanto habremos de darles crédito. Pero también recordemos que el pobre nivel de vida que la sociedad viene cargando es de muchas décadas atrás.

El bajo nivel de vida, paralelo a una baja estima, y si a esto le añadimos una pobre educación, esto ase de nuestra sociedad el perfecto blanco.

De nuestra política que esta, tan adherida a las costumbres innecesarias y que además carecen de valor moral.

Como es el caso de ofrecimiento de dinero, de despensas, y de modos inapropiados de los que se vale nuestra política para conseguir sus objetivos.

Posiblemente lo que han de pensar, es como dicen por ahí, en la guerra, y en el amor todo se vale. Es otra frase de nuestro modus de vida.

Mas sin embargó, ago botos por que se hagan cambios. Cada individuo, cada persona tiene el legitimo derecho, a un mejor nivel de vida, a una mejor educación, y a crecer colectivamente, en el progreso, y en el proceso evolutivo, de la creación.

Por lo tanto me permito pensar que al igual, que la política, al igual, la iglesia, y la sociedad en conjunto, nos debemos a nuestra vocación, a nuestra persona, y a nuestro hermoso pueblo.

Y juntos habremos de implementar, esquemas, métodos, que ayuden alas personas, a forjar su carácter, a mejorar su estima, y a confiar en ellos mismos y en sus habilidades.

A querer mejor a su país, y a olvidarse de las innecesarias practicas, de ofrecimiento de vienes materiales, a cambio del voto.

Esta innecesaria práctica le ase mucho daño, a la gente, tanto a la que ofrece, como a la que la recibe.

Démonos pues cuenta que nuestro hermoso país, y nuestra sociedad, somos mucho mas que una despensa.

Los partidos políticos se les exhortan a que se concienticen, de su verdadera vocación política a la que fueron llamados.

Como partidos, y como verdaderos políticos, se les exhorta pues, a que cumplan, con un verdadero heroísmo, con un verdadero profesionalismo, de ética, y de moral.

Como todos sabemos las necesidades de nuestra sociedad son desafortunadamente mucho muy grandes, pero es muy desafortunado.

Pretender calmar, aliviar, corregir, una pobreza que se trai desde muchas décadas atrás, con tan solo una despensa.

Entonces pues os propongo, que nos propongamos ser mejores ciudadanos, no ofrezcamos pues cosas a cambio de otras, estas practicas innecesarias solo dan una invitación a que otras posibles practicas, tanbien se propaguen.

Luchemos pues, y hagámoslo con más valor con más coraje, con más entusiasmo, tenemos las mejores propuestas, tenemos las mejores estrategias, para Acer del país un país mejor, y tenemos el mejor candidato.

Este debería de ser el mensaje de cualquier partido, sin necesidad de adentrarse en otras prácticas innecesarias.

Hagámoslo con mucha fe, vendito DIOS, con mucha fe en nuestro creador, y con mucho amor.

Y si en nuestra mente, y en nuestro corazón, existe suficiente amor, suficiente fe, y nuestro creador esta en nuestro corazón.

Ofrecer despensas, ofrecer dinero, son practicas innecesarias, y ofensivas. Que además le asen daño a la sociedad.

Por otra parte las personas que reciben, dinero, o despensas, no deberían de hacerlo, mas sin embargó lo asen.

Aun nuestra cultura, nuestra educación no ha sabido como corregir, esos vacíos, que permanecen inmóviles dentro de nuestra sociedad.

La gente tiene mucha necesidad, esto ase comprensible, el por que la gente acepta las cosas que les ofrecen, pero además de la necesidad económica, de las personas existe también una fuerte necesidad, la necesidad de la educación.

La falta de comprensión por parte de mucha gente, le impide darse cuenta, que tienen un derecho, y un deber de elegir con liberta, y sin acoso por parte de ningún partido político.

La gente ignora totalmente, que gracias a la lucha incansable de miles de personas, ahora tienen en sus manos la gran oportunidad, y la gran responsabilidad, de elegir, sin presión alguna, el partido, y el candidato, que más, y mejor les parezca, para gobernar a su nación.

Algunas personas ignoran que gracias a esta oportunidad de elección, pueden escoger libremente y sin presión, su gobierno, y el rumbó que desean para su país.

La conducta de regalar dinero o despensa, no es exclusiva de algún partido, todos los partidos la practican, y en todo el país desafortunadamente.

Por eso deseo aprovechar de este medio, para hacerles una invitación a todos los partidos políticos, modificar sus estrategias, a guiarse con una verdadera ética, y un verdadero profesionalismo, esto aria una política mas rica, mas confiable, y menos costosa para el país, y para los ciudadanos.

Por falta de acuerdos, se pierde la oportunidad de ofrecer a los ciudadanos una mejor educación.

Es momento de que en México se vislumbre una nueva era de educación, y de pensamiento universal, que veamos la educación desde otra perspectiva, dándole un nuevo impulso, y un nuevo enfoque.

RETROSPECCION

Hemos estado asiendo mucho énfasis en nuestra política.

La política como ciencia, como cualquier otra ciencia, como lo es la ciencia de la medicina, son muy fundamentales para el bienestar de la persona, y de la sociedad.

El buen desempeño de la política garantiza leyes, y bienestar, prosperidad, y seguridad, a las personas, y a la sociedad.

Pero si la política garantiza estas cosas y aun más entonces que es lo que a estado pasando en México.

Que ni seguridad ni prosperidad a ávido para la sociedad. Seria muy prudente que tanto la política, como la sociedad, se vayan acostumbrando a la idea de los cambios.

Por muchos años la sociedad se mantuvo gobernada por un solo partido.

Esto causo costumbres y vicios, que a la larga no favorecieron en nada ni al país ni a la sociedad.

Y esto se debió no por que el partido sea malo, pues es tan eficiente como cualquier otro partido.

Se debe a que todo el procesó, y desarrollo de la economía, incluyendo el desarrollo de la naturaleza, están sujetos a los cambios.

DIOS así lo dispuso que toda su creación sea un proceso continuo y eterno de cambios.

Los cambios son fundamentales en el procesó de la naturaleza, y con la misma razón en el procesó de la política. Los cambios proveen a todo lo existente, crecimiento, y desarrollo.

Este procesó de crecimiento y desarrollo, garantiza a todo lo creado, un procesó natural de desarrollo evolutivo.

De esta manera todo lo existente se encuentra bajo un procesó evolutivo, y eterno, que nada lo detiene.

Esto nos permite vislumbrar que si la naturaleza por orden divino se encuentra bajo un continuo procesó de crecimiento, y de cambios, por ley natural la política y las leyes que de esta emanen, devén de estar sujetas a los procesos constantes de cambios.

Por lo tanto la sociedad y sus costumbres de ase cincuenta años, ya no son las mismas a las de la actualidad.

Como un ejemplo de esto la educación. La educación desde el comienzo, a sido un instinto perenne, en el procesó evolutivo de la humanidad.

Solo que conforme se va escalando esta adquiere mayor profundidad.

Y se vuelve más exigente en el desarrollo de la sociedad. Eso explica por que en la actulida, tener cierto grado de estudio, es tan importante para acceder a ciertos trabajos, o puestos, que de no tener estudio, pues ni siquiera pensar en esos puestos.

O cargos. La exigencia por una mejor educación, gradualmente va adquiriendo una mayor demanda, esto se debe a los constantes cambios sociales, políticos, económicos, y culturales. Que se suscitan en los países, y en las sociedades alrededor de la tierra.

La política al igual que las sociedades que busca impregnarse cada día que pasa de las mejores costumbres, que suelen tener otras sociedades.

La política busca cada día que pasa, interrelacionarse con políticas de otras naciones, para ampliar las buenas relaciones diplomáticas, políticas, económicas, y culturales, y por su puesto la buena amistad, con otros países del mundo.

Este procesó de crecimiento y desarrollo dentro de la política, inevitablemente lleva a la política al procesó de cambio y modernización, de sus leyes.

Para mantenerse al ritmo de otras naciones, y no quedar en un procesó de crecimiento estancado.

El procesó continuo de cambio, y de modernización de las leyes, le garantiza al país un ritmo sustentable de estabilidad política y económica, y social, de modo que el desarrollo del país sea el óptimo para una sociedad en crecimiento.

De esta manera una buena educación se mantiene garantizada, al igual que todos los servicios de la que la sociedad tiene derecho.

Posiblemente y creo que como un buen principio seria una buena decisión que la política mexicana tomase una trayectoria diferente, y se uniese a la hermosa ciencia de la filosofía.

Las dos hermosas ciencias tienen mucho en común, y me párese que la política mexicana se vería enormemente enriquecida con los principios universales de una ciencia que es genuinamente universal.

De esta manera la política bajo el manto de la filosofía los problemas sociales y del país, se complementarían, y se comprenderían, y se tratarían con una visión global.

Buscando desde el origen de la causa, siguiendo la trayectoria hasta su última perpetuación. Como un ejemplo, la dependencia solo se es favorable solo y únicamente cuando a esta se le otorga un límite de tiempo favorable.

Para que esta no adquiera através del tiempo, una costumbre que en cierta manera adquiere una modalidad de vicio.

Un vicio que es insano, y retrasa el desarrollo a nivel personal, y colectivo.

Entonces pues creo firmemente que no se debería desdeñar la posibilidad de visualizar y entender los problemas con una nueva visión.

Se sabe que en México, la recaudación de los impuestos, es muy baja, comparativamente con otras naciones.

Se ha sabido también que como sugerencia, se ha sugerido aumentar los impuestos a las empresas, y a las personas que ganan más.

De esta manera se corrige una fuerte desigualdad que se arrastra desde muchas décadas atrás, se cobra los impuestos por las ganancias obtenidas, de quienes ganan mas, y se emprende una política de

Fortalecimiento, hacia las personas, y empresas pequeñas,

Y personas con pocas utilidades.

ESPERANZA

Esperanza es una linda muchacha, que vive una vida plena de amor, de ilusión, y de sueños por realizar, ya van a cumplir casi dos años esperanza y Nicolás de novios, aunque aun todavía no viven juntos, Nicolás, y esperanza, están esperando un lindo bebé.

Estando una noche platicando cómodamente en un café, Nicolás le platica a esperanza su interés de irse a trabajar a los estados unidos, mi amor me iré a trabajar a los estados unidos, trabajare un año, o talvez dos, juntare mucho dinero y regresare para casarnos, y para hacerte una casita para que tengamos en donde vivir.

Esperanza lo escucha con mucha atención, y le responde mi amor yo no quiero que te vallas, quédate con nosotros y que mas da si no tenemos en donde vivir, viviremos en la casa de mis padres, ellos nos darán hospedaje.

Nicolás responde, si mi amor, pero esque yo quiero que nosotros tengamos algo por nuestra cuenta, además dos años se pasan muy rápido, y muy pronto estaré de regreso. Marisol se quedo en silencio, muy pensativa.

Pensaba que si Nicolás desidia irse a los estados unidos, lo mas probable es que a ella no le iba hacer posible cambiarlo de idea.

Pues al parecer Nicolás se mostraba ya muy firme en su decisión de marcharse, y sabia que si así ocurría, ella lo iba a extrañar muchísimo.

Y muy adentro de su corazón, rogaba mucho a dios por que el no se fuera.

Así pasaron algunos días en medio de la incertidumbre, y un día por la noche, Nicolás le ase saber a esperanza, que por un corto tiempo esa seria, la ultima noche que se verían, pues al día siguiente el emprendería su camino hacia los estados unidos.

A esperanza le callo la noticia, creo que fue peor que un balde de agua fría, se puso muy triste, y con lagrimas en los ojos imploraba, mi amor no te bayas, no me importa que no tengamos absolutamente nada, con que te tengamos a ti es suficiente.

Nicolás seguía insistiendo en su retirada, y aunque esperanza le suplicaba que se quedase, las suplicas y los ruegos fueron inútiles, Nicolás ya había tomado esa determinación de marcharse.

Esa angustiosa y muy triste despedida fue de las más amargas, y dolorosas para esperanza, en toda la noche no pudo descansar, la eterna noche se le fue en puro llorar.

A los pocos días esperanza recibió la primera carta de Nicolás, mi amor ya estoy en los estados unidos, y en cuanto empiece a trabajar te mandare dinero, para ti y nuestro querido bebe.

A esperanza la noticia la puso muy alegre, y de muy buen humor. Se alegro y de emoción se puso a saltar, a bailar, y a cantar, paso el tiempo y tiempo después, Nicolás empezó a mandar dinero tal y como lo había prometido.

A los pocos meses Nicolás recibió la noticia que había nacido su primer heredero, y le mandaron una foto para que lo conociese.

Nicolás se puso muy feliz, se cumplieron los dos años, esperanza le manda decir a Nicolás, mi amor están por cumplirse ya los dos años y yo ya estoy esperándote con unas inmensas ganas de tenerte, y de abrasarte.

Y Nicolás contesto mi amor discúlpame que talvez no boy a poder ir en la fecha acordada, pues en la empresa ahorita tienen mucho trabajo, y el patrón no quiere ahorita darme vacaciones.

Pero te prometo que en cuanto pueda ir yo te avisaré, Nicolás le dice a esperanza que la empresa tiene mucho trabajo, y que por eso no podrá cumplir su promesa de regresar así como lo había prometido a los dos años.

Pero en realidad lo que no sabe esperanza es que Nicolás, esta llevando una vida con muy pobres modales. Y la vida que esta llevando, le ase pensar, y desatender cadadia que pasa a su familia.

Poco a poco se pasa el tiempo, y Nicolás cada ves se tarda mas en escribir, y peor aun ya ni siquiera se acuerda de mandar dinero.

Cada día que pasa la tristeza, y la desolación se apodera más de esperanza, pasaron cuatro años sin saber, y sin tener noticias de Nicolás, mateo tiene cinco años.

Antes esperanza periódicamente solía visitar el café que ella, y Nicolás solían frecuentar, pero desde ase tiempo dejo de visitar, pues sentía que aquellos recuerdos le hacían mucho mal.

Apropósito unos años antes esperanza, y su hijo mateo, con frecuencia hacían juntos planes para cuando llegará papa realizar muchas cosas juntos, pero desde ase mucho tiempo mateo, y esperanza, han dejado de tener ilusión.

Ase un par de días una querida amiga de esperanza le dio la triste noticia que se sabia que Nicolás había llegado, esa noticia afecto mucho a esperanza, y no por que no quería verlo, pues ansiaba mirarlo.

Pero ella se preguntaba, si en verdad, Nicolás ha regresado por que no a venido a vernos, o al menos a su hijo.

Esa incertidumbre de no saber nada de Nicolás, y de su indiferencia estaba acabando con esperanza.

En un día que esperanza fue a la escuela a recoger a mateo, recibió la amarga noticia, a mateo alguien se lo había llevado y no sabían quien, y ni porque.

Esperanza entro en una sebera crisis nerviosa, tuvieron que llevarla de emergencia al hospital, para recibir atención médica. A los pocos días la dieron de alta, pero de mateo no se sabia absolutamente nada de el.

Ella seguía angustistiada, y muy triste lloraba la ausencia de su adorado hijo, pero desafortunadamente no había nadie que le diese alguna pista de su entrañable hijo.

Pasó un año, y pasaron barios, y una amiga de esperanza le comento que se sospechaba que a su hijo se lo había quitado de entre sus brazos su propio padre.

Pero era solo sospechas aun no había nada en concreto, pero lo bueno era que al menos esperanza ya tenia alguna pista, y no dudo en ponerse a investigar, se le complico por que de la única dirección que esperanza disponía era de cuando aun se escribían.

Ahí ya nadie ni siquiera lo conocía, pues desde hacia mucho tiempo el ya se había movido, y no se sabia ya nada de el. Así se fue pasando el tiempo, ya habían pasado veinte años y esmeralda lo único que deseaba era encontrar a su hijo.

Su hijo si es que aun vivía ya tendría veintiocho años, la desesperación de esperanza la llevó a desedir mudarse a los estados unidos en busca de su entrañable hijo. Se fue a la frontera y un coyote se encargaría de pasarla.

Y sin mayores problemas en el primer intento pasaron, pero esa noche que se encontraban barias personas en espera de que las llevasen a sus domicilios, se suscitó una terrible balacera, murieron un par de personas, y otras se escaparon.

Esperanza entro en pánico y en ves de huir agara una de las armas de los asesinos, para acomodarlo que se encontraba muy mal herido para intentar ayudarlo y serrarle la herida con algo.

Pero justo en ese momento llego la policía y la incriminan a ella de homicidio, y por ello le dan treinta años de prisión, pero cuanto misterio se encierra en el destino, el hijo que esperanza va en busca, es ya un brillante y destacado licenciado en leyes.

Y curiosamente fue el, que pidió que le diesen el caso de la señora esperanza, la señora esperanza al momento que la aprendieron, se asusto y dio otro nombre, y dijo llamarse Gertrudis, así es que su ijo mateo no sabe que esta defendiendo a su propia madre.

Mateo desde ase también muchos años, dejo de mirar a su padre, prácticamente se encuentra sin familia, cuando vivía con su papa, el poco tiempo que vivió con el, su papa lo engaño diciéndole que su mama había fallecido en un accidente.

Y desde entonces así creció, sin tener conocimiento de algún familiar, o de alguien quien le informara sobre sus familiares, casi toda su vida la a vivido solo, y sus estudios el solo los a pagado con un poco de ayuda del gobierno.

Tratar de ayudar a Gertrudis, para mateo a sido un poco complicado, y a raíz de que esperanza por temor no a rebelado su verdadera identidad.

Conforme van pasando los meses, mateo va descubriendo que Gertrudis no esta siendo sincera con el, mateo le pide que diga toda la verdad, y que solo así le garantiza poderla ayudar.

Gertrudis empieza a sentir confianza, con el licenciado que la esta ayudando, y le confiesa que ella no es Gertrudis que su verdadero nombre es esperanza, pero le confiesa su verdadero nombre pero aun sigue sin confesarle, sus apellidos.

Pasan los meses y mateo insiste y le pide a esperanza que no ay forma de poderla ayudar, si ella insiste en no decir toda la verdad, por fin esperanza se decide y le dice a mateo.

Todo su nombre completo y sus verdaderos apellidos,

Señor licenciado, mi nombre es esperanza Arango olivero, el señor licenciado al escucharla decir sus apellidos quedo mas confundido, se dio cuenta que se apeide igual que el.

Y para salir de dudas le pregunto que si era ella casada, ella le dijo que no era casada, y el pareaseis que entro a Acer la función de un detective, empezó a ser mas y mas preguntas.

No eres casada pero tienes hijos, esperanza le contesto si, si tengo un hijo, mateo le pregunto, como se llama tu hijo, esperanza respondió se llama mateo, conforme iba avanzando el interrogatorio.

El interés, y la sorpresa de mateo se agudizaba mas en el, el sentía que estaba por descubrir algo muy hermoso, pero no sospechaba de que se tratase.

Mateo, y en donde esta tu hijo, esperanza respondió no lose, y dice pero creo que su papa me lo quito, mateo le pregunto, como se llama el papa de mateo.

El papa de mateo se llama Nicolás, en ese momento mateo presiente que esta frente a su madre, y mateo pregunta, y Nicolás cuales son sus apellidos.

Esperanza respondió Nicolás fuentes mesa, al instante que mateo escucho los apellidos de Nicolás, se estremeció de emoción y se le cayeron los apuntes que guardaba en sus manos.

Acababa de descubrir que estaba frente a su adorada madre.

Las lágrimas se le rodaron, y antes de decirle a su madre que el era el hijo que ella andaba buscando, salio corriendo fuera.

Esperanza noto que a raíz de la conversación mateo se exalto mucho. Pero ella aun no sospechaba que estaba frente a su hijo.

Durante el día mateo estuvo muy confundido, tenia mucho gusto por haber encontrado a su madre, el sin buscarla, por que además su papa le había echo creer que su mama había muerto en un accidente.

Mateo sentía que tenía muchas cosas, en su mente que no entendía, pero ese mismo día regreso a la celda, a ver a su madre, y cuando al momento de mirarla, le dijo madre yo soy tu hijo al que tu con tanto amor y desesperación andas buscando.

Esperanza lo escucho con profunda atención, y miro que sus ojos, y su vos le decían la verdad, pero ella con tanta emoción, y desesperación, y cansancio, en ese momento se desmayó.

La llevaron de emergencia a la hospital, para hacer atendida, durante toda la noche mateo no se retiro de su madre, al día siguiente mateo, hablo con su madre y le dijo que ara asta lo imposible para sacarla de ahí.

Y así fue mateo como todo un verdadero profesional, en muy pocos días reunió las pruebas que demostraban la inocencia de su madre, y el juez la absolvió, quedando esperanza en total liberta.

Y como era la madre de un prestigiado abogado, no fue reportada, y su hijo le consiguió un permiso para que estuviera con su hijo como de visita.

A los pocos meses, después mateo se caso, y tiempo después, dieron con el paradero de Nicolás el papa, se encontraba en prisión, había estado involucrado en unos homicidios.

Esta breve historia solo es un reflejo de nuestra sociedad, que muestra la realidad de algunas familias, que quedan divididas, fragmentadas, por la necesidad de algunos padres que debido a su fuerte necesidad, deciden irse a los estados unidos a trabajar.

No todas las familias corren con esa misma suerte, existen familias, y existen padres, que no se dejan persuadir por las tentaciones, o lo ordinario que pudiese ser de algunas conductas, no le temen a la responsabilidad, y tanpoco son cobardes ante el verdadero sentido de la lealtad.

Y sin titubeos, sin miedos, y con un verdadero carácter, van en busca de su suerte, en busca de su destino, y una ves que lo han encontrado, le llaman, ven a mis brazos, que te he estado esperando con muchas ansias, y Abrasan a su suerte, a su cruz, con un verdadero sentido, de fe de responsabilidad, con un verdadero amor, que solo ellos saben encontrar en su corazón.

EL POEMA QUE TE ESCRIVI

Ase un par de días me encontré a Estevan, por el centró de la ciudad, lo salude y nos pusimos a platicar, Estevan es un chico, alto con ojos verdes, su piel rosada ase de el un chico muy atractivo.

Solo que es un poco tímido, y no se acerca a la gente con facilidad, pero una ves que empieza a tener confianza, es un chico agradable, platico que Avia escrito a su hermosa chica unos vellos poemas, pero que el último no Abia tenido respuesta decía así.

Hoy anduve paseando por el centró de mi ciudad.

Andaba en busca de poder mirarte, necesitaba saber deti, ase algunos meses que te escribí mi último poema, desde entonces no he vuelto a saber más de ti.

El último poema que escribí, lo deje en donde mismo, debajo de esa piedrita que se encuentra justo al pie del tronco de aquel hermoso árbol, en donde te mire por primera ves.

Te escribí hermosas palabras, preciosas frases de amor, que quería compartir con tigo, te pedía que te casaras con migo, despúes regrese por la respuesta, pero no la encontré, seguí regresando por esa respuesta.

Pero la respuesta nunca llegó a esa piedrita. Al mirar como se expresaba, como se comunicaba, como estaba su rostro al momento de hablar de ella, sentía que en verdad la amaba, al pesar que casi no se miraban.

Ni Siquiera savia en donde vivía, pero se veía que eso no le impedía poder amarla como el la estaba amando.

En un día Marisela se encontraba acareando agua del poso para las plantas, Avia llevado varias cubetas, así que se encontraba un poco cansada, además a esa hora el sol ya empezaba a sentirse calientito.

Marisela aprovechó la hermosa sombra del árbol para descansar en una muy acogedora piedra que se encontraba justo al pie del tronco de un maravilloso árbol.

En ese instante Estevan iba pasando venia del campo de encaminar su ganado lo fue a dejar a que pasteara al campo libre, al momento en que Estevan miro a Marisela desde ese instante supo que ella seria el amor de su vida.

Igualmente Marisela, también quedo hechizada con la mirada apasionada de Esteban.

Estevan al mirarla no se detuvo a platicar con ella, pues su timidez casi escasamente le permite tener contacto social con la gente.

Se paso sin decir palabra a pesar de que ansiaba con todo corazón en ese instante perder el miedo, decirle que se miraba como una verdadera diosa.

Estevan se fue retirando, con ello se llevaba un sentimiento de culpa, de dolor, de tristeza, de coraje, por no haber aprovechado el momento para platicar con ella.

Conocerla, al día siguiente Estevan paso por ahí a la misma hora con la esperanza, de volverla a ver, pero fue en vano su esfuerzo, pues Marisela no volvió a pasar.

Asta unos días después.

Estevan Se desesperaba no poder verla y se lo ingenio, le escribió una carta diciéndole que era el joven que al momento de pasar por ahí por la mañana se la avía encontrado sentada debajo de aquel hermoso árbol, y deseaba con todo el corazón volverla a encontrar para platicar.

Después que termino su carta fue, la dejo debajo de aquella piedra en donde Marisela Avia estado sentada.

Al siguiente día regreso Estevan haberse la señorita avía tomado la carta, pero la carta aun seguía ahí.

Así estuvo yendo por varios días con la esperanza de que Marisela volviese al mismo lugar, se le ocurriese fijarse debajo de la piedra, y encontrase la cartita, esperando así una deseosa respuesta.

Pero la cartita ahí seguía.

Pasaron varios días, Marisela volvió a llevar agua para sus hermosas plantitas, después de varias veces Marisela se sintió un poco cansada, decidió sentarse en donde ya era costumbre en la piedrita debajo del árbol.

Después que descanso un ratito decidió continuar, pero justo al momento de levantarse se le callo un moño que era con el que se agarava su cabello.

Se agacho para recogerlo, al agacharse miro que debajo de la piedrita se observaba un papel doblado, por curiosidad lo recogió para saber que contenía ese papel, al momento de leerlo se dio cuenta que se trataba de una cartita, que además estaba dirigida a ella.

Con mucha emoción, con mucho cuidado la leyó varias veces, pues no lo podía creer lo que tenia en sus manos, pues lo cierto es que ella también desde aquel día en que miro a Estevan.

También había quedado profundamente impresionada con el atractivo, y la encantadora mirada de Estevan, desde aquel primer día difícilmente lo olvidaría pues savia que ese muchacho seria el amor de su vida.

Después de Haver leído la cartita por varias veces, la guardo en su bolsa, se dirigió a su casa.

En ese mismo día Estevan paso por ahí por donde avía puesto la cartita al amor de su vida, no perdió la oportunidad para asomarse, mirar si la cartita aun seguía ahí, cual fue su sorpresa miro que la carta ya no se encontraba.

De momento le dio mucha alegría, aunque después de rato fue preso de la duda, de la incertidumbre, pues no savia si la carta realmente la había recogido el amor de su vida, o alguna otra persona.

Eso le ponía triste al imaginarse que la cartita la hubiese tomado otra persona. Se retiro trataba de pensar, que la cartita la había tomado el amor de su vida, nadie mas.Al día siguiente Marisela fue al árbol pues ya tenia la contestación de la carta, la dejo justo en el mismo lugar en donde Estevan le había dejado la carta anterior, ese mismo día Estevan Estaba ansioso por saber si tenía alguna contestación del amor de su vida.

Tenia la esperanza que la cartita que había dejado la hubiese recogido el amor de su vida, recibir una respuesta de ella, al momento de llegar al árbol, y revisar debajo de la piedrita cual seria su mayor sorpresa, Estevan, justo ahí estaba lo que el estaba con tanto anheló, y un frenético jubilo se apodero de el.

Por fin encontró una respuesta del amor de su vida, al igual como lo hizo Marisela, también Estevan con mucho cuidado y en varias beses Leia la carta, así por este medio mantuvieron una relación amorosa, Marisela en una ocasión se entero de que su papa no estaría durante todo el día en casa, se puso de acuerdo con Estevan.

Para aprovechar que su papa no iba a estar, y pasar un momento con Estevan, durante ese pequeño momento que estuvieron juntos, Marisela se entrego a Estevan por primera vez.

Con ello confirmaban cuanto los dos se amaban, Marisela tendría un hermoso hijo de Estevan, pero Estevan no lo sabría asta muchos años después.

Solamente esa seria la última vez que se van a mirar por el momento, por que aparir de este hermoso momento ninguno de los dos sabe lo que el destino les depara.

Tiempo después, Estevan estaba pensando pedirle a Marisela que se casase con el, solo esperaba el momento y la forma para decírselo, pero el papa de Marisela era un señor muy materialista.

Había planeado casar a Marisela con un joven que pertenecía a una familia de abolengo, la familia del joven víctor, se casaría con Marisela fueron a pedir la mano de Marisela.

La familia de Marisela se la concedió sin consentimiento de Marisela, Marisela si conocía al joven víctor, solo que no estaba enamorada de el.

Ella amaba a Esteban a pesar de que sabe muy bien que su familia no lo aceptaría, especialmente su padre, Estevan sin saber que Marisela ya estaba pedida, en su siguiente última carta le escribe.

Poemas muy hermosos, le pide que se case con el, el la ara muy feliz para siempre a su lado.

Una ves terminada la carta fue, la llevó a donde siempre, debajo de la piedra, ahí la dejo, al día siguiente Esteban va de nuevo con la esperanza de que Marisela ya le dejo una contestación.

Pero cual seria su sorpresa, que la carta que el mismo había dejado aun sigue todavía ahí. Estevan se puso triste, deja la carta de nuevo debajo de la piedra con la esperanza de que Marisela vaya y la lea, se retiro del lugar.

Paso un par de semanas, Marisela ya no se acercó a recibir la carta de Estevan a pesar de que lo amaba con todo su corazón.

Se casaría en unos pocos días, esa decisión que su familia Avia tomado sin su consentimiento la tenia muy triste, e incapacitada para pensar, y razonar con claridad sobre lo que ella debería de Acer.

Por fin se llego el día, a Marisela la casaron. En cambio Estevan a pesar que ya habían pasado un par de semanas, la carta que había escrito al amor de su vida, aun seguía ahí.

Estevan no perdía la esperanza, seguía yendo haberse por casualidad ya tenia contestación de su amor. Después de nueve meses Marisela tubo su bebe.

Era un hermoso niño producto del amor entre Estevan y Marisela nadie lo savia solo la mama savia que el niño era ijo de Estevan.

Víctor y Marisela los tres se fueron a vivir a la ciudad, Estevan seguía yendo periódicamente a mirar a la piedrita haberse de casualidad tenia respuesta del amor de su vida.

Pero ya habían pasado varios meses, lo cierto es que el empezaba a pensar de que posiblemente Marisela ya se había olvidado de el. por lo mismo, el también prefería alejarse también de ese lugar.

Sentía que en cada instante, en cada momento le recordaba a Marisela, su recuerdo le hacía sufrir bastante, decidió irse a la ciudad.

Por cierto la carta que escribió a Marisela pidiéndole que se casase con el ahí quedo nadie la recogió, excepto una pequeñita hermanita de Marisela, en una ocasión que se encontraba jugando debajo del árbol con otros niños.

La hermanita encontró la cartita, la guardo con mucho cariño, decía que su príncipe le había escrito esa carta, la guardo por mucho tiempo.

Asta que en una ocasión Marisela fue a visitar con su esposo y su hermoso hijo a sus papas.

La niña le dijo a Marisela que su príncipe le había escrito una carta, la niña le mostró la carta a Marisela, y se llevó una sorpresa, se dio cuenta que esa carta la había escrito Estevan para ella.

Se entero que le pedía que se casara con el, Marisela al leer la carta se puso a llorar.

Su hermanita le pedía que no llorase, que si lloraba por que ella no tenia una carta como esa, que ella se la Dariá.

Marisela aun quería mucho, posiblemente aun más a Esteban, pues a pesar de que en casa Vivian rodeada de lujos, pero su esposo no le daba su lugar.

Además Marisela no lo savia pero su esposo víctor la engaña con otra mujer con quien acaba de procrear otro niño, Marisela y víctor ninguno de los dos se aman.

Por otra parte Estevan aun no se a casado, lo cierto es que aun recuerda con amor, y tristeza, el amor de Marisela, pero concentrado en su trabajo trata de olvidarla.

Estevan recuerda que por esos días cumple años Marisela,

Para su suerte o para agravar su profunda tristeza, en la florería en donde el trabaja, el esposo de Marisela víctor pidió vía telefónica un arreglo de flores para su esposa.

A Estevan le toco llevar las flores, Estevan no sabe que el vive en la misma ciudad en donde vive el amor de su vida.

Mucho menos sabe que justo esas flores que el lleva son para ella.

Llego a la residencia toco el timbre, nunca esperaba, que Marisela, saliese a recibirlas, Marisela al abrir la puerta y al encontrarse con Esteban quedo muy sorprendida.

Los dos por un pequeño momento quedaron bellamente hechizados, después interrumpe Marisela, Estevan a quien le traes flores.

Estevan respondió son para ti, Marisela responde para mi, pero como supiste que vivo aquí, además si mi esposó se entera que me traes flores nos va ir muy mal a los dos.

Estevan respondió no, nos va ir mal por que estas flores tu esposo te las mando, Marisela respondió no entiendo si mi esposo me las mando por que tu me las estas trayendo.

Estevan respondió, por que yo trabajo en esta florería en donde a tu esposo se le ocurrió pedirlas.

No esperaba encontrarte le dice Estevan a Marisela, pero ya que el destino me concedió la bendición de volver a mirarte, te diré que cada segundo he pensado en ti, que he llorado mucho tu ausencia.

Marisela al escucharlo hablar a los dos se les rodaron las lagrimas, Marisela le confesó que ella aun lo sigue amando.

Que posiblemente aun mas, en ese momento sin pensar en que alguien los pudiese mirar los dos se abrasaron fuertemente, se besaron como lo habían echo la primera ves.

Después de un pequeño momento que se abrasaron, se besaron Marisela le dice a Estevan que se retire, por que alguien los puede ver.

Estevan le suplica volverla a ver, Marisela le dice que se retire que ella buscara la forma en que los dos puedan .volverse a ver.

Estevan se marcho pero párese que no puede pisar el suelo como si fuese volando se siente de emoción, de la misma manera se encuentra Marisela, párese que la residencia se le ase pequeña, para abrasar tanta alegría,.

Esa noche Marisela se arregló, se puso muy hermosa pues pensó que su esposó la llevaría a cenar a algún restauran, pero no, esa noche ni siquiera fue a dormir con ella.

Se fue a quedar con su amante, al día siguiente se presento con su esposa, le pregunto que si le habían gustado las flores, Marisela le contesto que le habían encantado, que habían sido el regalo mas hermoso.

Víctor al escucharla hablar se desconcertó, no entendía por que su esposa no estaba molesta con el, después que no había pasado la noche con ella, se desconcierta que ni siquiera le pregunte en donde estuvo la noche.

Le pregunto que si esta molesta con el, ella le respondió que si habría algún motivo para estarlo, el le respondió bueno es que como no pude venir esta noche por que tuve que salir de urgencia fuera de la ciudad, no me dio tiempo ni de hacértelo saber.

Marisela le respondió si no te preocupes yo entiendo como es tu trabajo, se que te absorbe bastante tiempo.

A Marisela ya no le afecta tanto el sarcasmo, y la indiferencia de víctor, ella se encuentra muy feliz por que se reencontró nuevamente con Estevan.

Conserva la esperanza de que algún día se reencontrara con el, esta ves para siempre.

Víctor no quedo conforme, piensa que su mujer no esta siendo sincera, supone que algo le esta escondiendo, pero prefiere olvidar el tema y se marcha.

Pasaron unos pocos días, Mariela fue a buscar a Estevan a la florería en donde el trabaja.

Así estuvieron mirándose clandestinamente por mucho tiempo. Por otra parte Marisela ya no vivía con víctor, víctor la avía corrido de la casa, para juntarse con la que era su amante.

Por el momento se encontraban en el doloroso procesó de separación, Marisela no quería juntarse con Estevan asta que estuviera legalmente separada.

Desafortunadamente víctor falleció en un accidente en su trabajo.

Marisela y Estevan poco tiempo después se unieron en una hermosa santa misa, farón felices para siempre.

EL NIÑO Y EL PRÍNCIPE

Había una vez un príncipe, en un pequeño suburbio, que era muy apreciado, y querido por toda su gente que le conocía, ese gran aprecio que se le tenía, por su gran carisma que tenía con los demás hizo que su fama y su nobleza se extendiera prácticamente por toda su nación y no obstante incluso también por otros continentes.

Por azares del destino la mujer del príncipe solo le pudo dar una preciosa niña, y aunque el mucho deseaba tener un heredero, para cuando el destino lo llamase a cuentas dejarle el trono, pero por razones ajenas su esposa no pudo darle más familia.

El papa del príncipe había sido quien le heredo el trono a su hijo, pero nada era aún oficial por que aun todo seguía bajo el nombre del papa, solo que el hijo nunca hizo por regular su estatus ante la ley.

Pues como él había sido el único heredero pues se entendía, que solo él sería el único y universal heredero, así pues que al hijo poco le intereso regularizarse ante la ley, para que nadie ostentase quitarle el trono.

El papa del príncipe murió, pero antes de morir le entrego a su hijo, una carta en donde lo hacía a él como su único heredero.

Pero El papa del príncipe se le pasó poner en la carta el nombre de su hijo, así que si esa carta llegase a manos extrañas fácilmente podrían arrebatar el trono a su hijo.

Además de la carta que le entrego a su hijo, también le entrego, una caja que contenía valiosas joyas, diamantes que durante su vida había juntado para heredárselo a su hijo.

El príncipe debido A lo angustiado que se encontraba por la gravedad de la salud de su papa, al momento de tomar la carta, la guardo en un departamento contiguo a la cajita, después la fue a guardar.

Tiempo después, el príncipe había asimilado un poco el dolor de la pérdida de su padre, se acordó de la carta, y de la cajita, que su padre le había dejado.

Pero de lo que no se acordó fue en donde había dejado la carta. Lo interesante es que tampoco se le ocurrió fijarse en la cajita que su padre le había entregado, así que nunca se acordó en donde dejo la carta de su padre.

Quería saber el contenido de esa carta, pero nunca se acordó en donde la había guardado. Así que con el tiempo se desistió de seguir buscándola.

Por lo pronto ya tenían otras cosas en que ocuparse, la niña estaba por cumplir los siete años, y les había dicho a sus papas que quería una fiesta, pero la dulce, pequeñita era de gustos muy conservadores, muy peculiares.

Por lo tanto en el momento en que la princesita les había dicho a sus papas que quería una fiesta de cumpleaños, los papas esperaban Hacer una fiesta en grande de acuerdo a sus posibilidades, y sus costumbres.

Pero se vieron muy sorprendidos al saber que su pequeñita no deseaba una fiesta de grandes dimensiones, sino que quería una fiesta sencilla, y nada más invitaría a una amiguita.

Los papas estuvieron de acuerdo con la pequeñita, aunque esa no era para ellos la costumbre, pero querrían respetar su deseo, y su decisión. Así que sería una fiesta sencilla.

Los papas en pocos días organizaron todo, de acuerdo a los deseos de la pequeñita.

Los papas mandaron hacer una piñata, como un gesto de amor a su pequeñita. Papa depósito la cajita, que su padre le había entregado antes de morirse dentro de la piñata.

El papa creía que nadie lo veía, pero error, la niña alcanzó a mirar que el depositaba una cajita dentro de su piñata,

Eso aumento su curiosidad.

Unos días antes de la fiesta de la pequeñita, el príncipe se encontraba jugando con la princesita, el príncipe le pregunta a su princesita que querría de regalo para su cumpleaños, la princesita le respondió que si le Daria lo que ella le pidiese, el príncipe le respondió claro princesita pídeme lo que tu deseas, te lo concederé.

La princesita tenía una gran curiosidad por la cajita que observó que introducían en la piñata, le recordó a su papa que ella solo tendría solamente a una amiguita en su fiesta, le pidió que le prometiese que si al momento de quebrar la piñata.

Que si su amiguita quebrase la piñata que todo lo que esta contuviese pasaría a ser únicamente de su amiguita, pero que si ella le tocase quebrarla, entonces todo lo que contuviese pasaría a ser todo para ella únicamente.

Así fue el papa aceptó la petición de su entrañable princesita.

Al otro lado de la peculiar ciudad vivía una joven pareja,

En una ocasión que Marisol llevó a su hijo Daniel, al parque a jugar, ahí también se encontraba el príncipe jugando al lado de su esposa, y su adorada, princesita.

En ese momento que Marisol llegaba con su hijo Daniel, la pelota se le escapó al príncipe, hacia la calle, en esa misma dirección llegaba Daniel con su mama, Daniel al mirar que la pelota se iba hacia la calle la atajo y se la llevó a la niña.

La princesita al mirar al niño Daniel quedo muy fascinada, y lo invito a jugar, el niño pidió permiso a su mama, y se lo concedió, Después de que jugaron un rato se despidieron los dos.

Pero antes de retirarse la princesita les pidió a sus papas que si podía invitar al niño Daniel a su fiesta, los papas aceptaron, y le entregaron una invitación en ese instante.

Un día antes de la fiesta los papas de la princesita le recordaron a la niña, que aun no había invitado a su amiga a la fiesta, la princesita respondió en este momento le llevare la invitación.

Se llego el día de la fiesta, llegaron los invitados, Daniel, y su mama se sorprendieron bastante al llegar y darse cuenta de que la fiesta se trataba de un príncipe festejando a su niñita, princesa. No lo podían creer que ellos se encontrasen ahí.

Además estaban justo en su palacio, Al instante de que llegaron al palacio, los hicieron pasar, los atendían como unos verdaderos huéspedes, el niño, y su mama no lo podían creer que se encontraban en un palacio, con tantas atenciones.

Después de muchos juegos y diversiones que los niños tuvieron, comieron, después de rato, fueron a quebrar la piñata.

Antes de empezar a quebrarla la piñata, princesita hablo frente a todos los ahí presentes, que solo el niño, y las dos niñas ahí presentes participarían en quebrar la piñata, y que además había una promesa,

Que de ninguna forma se podía cambiar, la promesa consistía de que quien sea que quiebre la piñata, la personita que logre quebrarla esa se quedaría con todo lo que la piñata contenga.

El niño, y la otra pequeñita aceptaron las reglas de la princesita,

Comenzó primero la princesita, después la amiguita,, enseguida, Daniel, así tuvieron algunas beses, nadie lograba el objetivo.

Cuando de pronto en un comienzo, el niño Daniel en un primer golpe acertado que el niño dio con ese garrote, rompió la piñata, todo mundo ahí presente quedo paralizado, incluso el mismo niño.

No lo creía lo que estaba sucediendo.

De la piñata caían monedas de oro, diamantes, incluso la cajita en donde se encontraba el testamento.

Nadie se podía acercarse pues ese había sido el trato.

Todo le pertenecía a quien tuviese la suerte de quebrar la piñata, todo indicaba que era el niño Daniel el afortunado,

El príncipe no se dio cuenta que también caía la carta que su padre antes de morirse le había entregado donde lo hacía a él como legítimo heredero.

Después de un majestuoso momento, que todos miraron sorprendidos cuantas monedas habían caído, el príncipe, y la princesita, le dicen a Daniel, Daniel recoge todo lo que callo, todo eso te pertenece. Ordeno a la servidumbre para que le llevasen a Daniel en que guardara lo que tenía por juntar.

Daniel bastante muy emocionado se agacho, reunió todo, incluyendo la caja donde se encontraba el testamento, que el papa del príncipe le había entregado haciéndolo a él como legítimo heredero.

Todos ahí presentes se encontraban en estado de delirio, no creían lo que ellos mismos estaban viendo, con excepción de la princesita, y el príncipe.

Una vez que Daniel recogió todo Marisol se dio cuenta que habían diamantes, y muchas monedas de oro, ordeno a Daniel que entregara todo eso al príncipe, así lo hizo Daniel, pero el príncipe lo rechazó, le dijo al niño y a su mama

Que no se sintieran mal que él, había hecho una promesa a la princesita de que todo lo que contenía la piñata seria de quien la quebrase, la princesita ahí escuchando le dice al niño, y su mama, que no debían sentirse mal que ese había sido un trato entre su papa, y ella, y que por lo tanto esos diamantes ya les pertenecían a ellos.

Se retiraron, muy contentos, la princesita le pide al niño Daniel que pronto se vuelvan a mirar, en eso quedaron. Alos pocos días, Marisol encontró la carta.

Se dio cuenta de que era el testamento del príncipe, decide ir a entregárselo, pero antes van a visitar a Héctor su esposo a la clínica, llegando allá, el niño, y Marisol, le contaron todo, y el niño muy emocionado le decía a su papa, que ya eran muy ricos.

Marisol le enseña el testamento a Héctor, Héctor se quedó muy sorprendido y le dice a su hijo hijo eres un príncipe, Marisol le responde no este testamento vamos a ir a entregarlo.

Héctor insiste pues ya para que entregarlo si ya le pertenece a nuestro hijo, Marisol insiste que el testamento van a ir a entregarlo.

Marisol, y el niño se despidieron, Héctor quedo muy sorprendido con toda esa noticia, ni el mismo cabía en su lugar.

Al día siguiente Marisol, y el niño Daniel, fueron a entregar el testamento, llegaron al palacio del príncipe, y los pasaron a sentar, todos ahí reunidos el príncipe pregunto a que se debía esa agradable visita.

Marisol respondió que iban expresamente a entregar un testamento que le pertenecía al príncipe, el testamento se encontraba en una caja dentro de la piñata,

Y querían regresarlo, el príncipe muy sorprendido tomo el testamento, este testamento lo anduve buscando por mucho tiempo, ahora entiendo por qué nunca lo encontré, lo observó y efectivamente se trataba del mismo que su padre en vida le entrego.

En eso jazmín esposa del príncipe, muy sorprendida pregunto a Marisol, y al niño, y ahora que el testamento ustedes lo encontraron, tendremos nosotros que salir de nuestro palacio, Marisol contesto por supuesto que no, el testamento es del príncipe, y por lo tanto todo le pertenece al príncipe.

El príncipe respondió a Marisol, mira hija, mi niña adorada me hizo prometerle que todo lo que contenía aquella piñata le pertenecería a la persona que tuviese la suerte de

Que brarla, y esa persona que la quebró fue justamente tu hijo Daniel.

Yo no puedo faltar a la promesa, y a la palabra, así que el testamento le pertenece a tu hijo, el príncipe propone que siga siendo el, el príncipe mientras que Daniel crezca, y se convierta en un adulto.

Cuando Daniel sea un adulto, el príncipe entregara todo su reinado a Daniel, así acordaron, después que Marisol, y el niño se retiraron, la niña princesita se acercó a su papa, le dio las gracias.

El príncipe le pregunto, por qué me das las gracias, la niña le respondió por que no faltaste a tu palabra, eso ase de ti una persona más integra, el príncipe se sonrió, con gran cariño, abraso a su pequeña princesa.

Después de un tiempo la princesita, y Daniel se hicieron novios, con el correr de los años Daniel se convirtió en un admirable joven adulto.

Tenía mayoría de edad, pero rechazó el título que ostentaba el príncipes, a los veintiún años cumplidos Daniel unió su vida con la princesita, y fueron felices, por siempre, para siempre, fin.

LA CORONA DEL REY

Érase una ves existió un gran rey muy poderoso, su fama y su prestigió se conoció por barios continentes.

Muy a pesar de que gozaba de un gran prestigió, y poseía un enorme imperio, el era siempre un hombre muy sencillo, amaba la sencillez, amaba a la vida, pues siempre estaba rodeado de gente, que le estimaba,

Que le admiraba.

Siempre tuvo a su lado hermosas doncellas, que formaban parte de su nutrido círculo social, era un gran admirador de quienes eran portadores de las virtudes, no sin darse cuenta que el era un gran portador de estas.

Desde varios continentes lo visitaban, para solicitar su apoyó, para solicitar consejo, para aprender de su sabiduría.

Siempre fue un hombre recto, de bien, de hermosos principios, amaba con gran pasión a su mujer, a su familia, a su gente y a su país.

A pesar que amaba mucho a su familia, no tubo muchos hijos, a pesar que a el si le gustaba una familia numerosa, pero por azares del destino su mujer no le pudo dar mas que tres hijos de familia.

Dos varones, el mayor se llama Esteban, le sigue mayo, después una hermosa señorita que lleva por nombre yared, es la mas chica, y la única hija del rey.

Pero aunque el deseaba una familia numerosa, siempre se mantuvo feliz, contento con los hijos que tenia.

En una ocasión el rey iba a festejar el cumpleaños de su añorada esposa, enviíto a toda la gente de los alrededores, a esa gran fiesta asistió mucha gente, Avia una señorita de nombre Manuela, que se convirtió en el centró de atención de casi toda la gente.

Manuela era muy hermosa, su belleza irradiaba, ternura, inocencia, lo cual hacia mas rica su personalidad.

Manuela conoció en esa fiesta, un joven de nombre augusto de Ocampo, era un joven muy sencillo, pero de una fuerte personalidad.

Se conocieron se hicieron amigos, y entre salidas a discos, y a bailes, fiestas, y diversiones, y debes en cuando decepciones, que enveses no faltan por ahí, se hicieron novios.

En una ocasión que asistieron a una fiesta, Manuela de regreso a su casa regreso muy molesta con augusto, augusto trataba de indagar que estaba sucediendo, pero ella en cuanto llegó a casa sin despedirse, se recogió.

Al día siguiente augusto va a buscar a Manuela, y en cuanto la ve le pregunta que le esplique por que de su reacción la noche anterior.

Manuela le ase saber que estaba muy molesta con el, por que platicaba mucho con sus amigas, augusto le explica que si platicaba con ellas.

Era por que ellas lo buscaban, que el no quería ser descortés con ellas, pero que no avía motivó para que se preocupase pues el a quien realmente amaba es a ella.

Una ves que se aclararon las dudas, de nuevo se contentaron, volvieron a ser felices los dos, pero al parecer los celos y las dudas, no son solo parte de ella, sino que tanbien de el.

En otra ocasión que asistieron los dos a un convivió, en la universidad, el exnovio de Manuela se demedia en atenciones con Manuela detalle que incomodo, a augusto, de regreso a casa, augusto le reclamo a Manuela porque aceptaba tantas atenciones de su exnovio.

Manuela le respondió que no quería ser descortés con el, pero que no avía nada de que preocuparse pues ella a quien realmente amaba era a el.

Así fue transcurriendo el tiempo, en medio de dicha, placer, y en beses, desconciertos, dudas que después con el dialogo se disipaban, como gotas de agua, sobre la arena.

Quedaba todo olvidado, gracias a ese intenso amor que se tenían, pasó el tiempo, augusto le pidió a Manuela que se casaran, Manuela se sorprendió mucho, aceptó, pues ese era su sueño.

Realizar su vida al lado del hombre que tanto amaba, ese hombre era justamente augusto.

Se casaron tuvieron su primer hijo que le pusieron Gabriel, halos nueve meses estaba esperando su segundó bebé era una niña.

Una semana antes de aliviarse, Manuela hablo al trabajo con augusto, le deciea que se sentía un poco mal, que iba al doctor a revisarse, su hermana Sofía la acompañaría.

Augusto le dijo que encuanto el se desocupase el la iría a acompañar al hospital, Manuela y Sofía se fueron a la hospital, dejaron a Gabriel con su abuelita.

Rumbó a la hospital Manuela y Sofía en una peligrosa curva se encontraron con un vehiculo que por venir a exceso de velocidad se impacto, con el vehiculo de ellas.

Afortunadamente a ellas no les paso nada, Manuela alcanzó esquivarlo a tiempo y no sufrieron daños ecepto el vehiculó si resulto afectado, pero aun así podía continuar.

En cambió el otro vehiculó debido a la velocidad en que se conducía resulto muy dañado los ocupantes murieron instantánea mente.

Manuela por el impacto que sufrieron entro en choc, Sofía no hallaba que Acer si ir en auxilio de las otras personas o llevar de inmediato a su hermana a que recibiese atención pues debido a la gravedad, su hermana corría serio peligro junto con su bebé que estaba esperando.

Decidió poner a salvo a su hermana, se la llevó a la hospital lo bueno fue que el auto en donde viajaban aun seguía funcionando.

Al llegar a la hospital de inmediato atendieron a Manuela, poco después llegó augusto miro a Sofía muy preocupada lo preocupo mas a el, le pregunto que como estaba su esposa.

Sofía apenas podía hablar pues ella tanbien se encontraba muy alterada, entre llantos, y sollozos, le contó a augusto lo que avía sucedido, que otro vehiculó los había impactado, la noticia conmociono más a augusto.

Pregunto a las enfermeras por el estado de salud de su mujer, las enfermeras le decían que ellas no lo sabían, pero que en cuanto saliese el doctor que la estaba atendiendo le aria saber.

Rato después salio el doctor, pregunto por el esposó de Manuela, augusto de inmediato respondió que el era, que como estaba su mujer, el doctor respondió que gracias a que la habían llevado a tiempo, su mujer y la bebé estaban ya fuera de peligro.

Pero que necesitaban practicar a su mujer una Cesaria de urgencia necesitaban su autorización, don augusto la concedió, por favor salvasen a mi mujer y a mi bebe,

Rato después el doctor salio felicito a don augusto por su bebe.
Le informo que el peligro había pasado que podían entrar a ver a su mujer y a su bebe.
En cambio el otro vehículo
La familia de la corona estaba de luto, el rey se encontraba inconsolable, acababa de perder a su mujer,
A su hijo, y su chofer, el dolor era tan fuerte, que lloraba con tanta desesperación, tanta tristeza en su corazón.

Al día siguiente fue el funeral con estas palabras se despidió de su mujer, mi amada mi eterna esposa, mi pétalo, de flor y de roza, mi mas fiel, entrañable diosa.

El destino quiso separarnos, pero nuevamente con un inmenso dolor en mi alma, por que el destino te ha arrancado de mi lado, de nuevo te digo cuanto te amo.

Cuanto te ame, y te amare, por el eterno instante en que mi alma tenga siempre el divino, eterno soplo de la vida.

Así paso el tiempo el rey no supo como, o que auto estuvo involucrado en el accidente en donde su esposa, su hijo, y su chofer, perdieron la vida.
Por otra parte la niña de don augusto y Manuela ya estaba grandecita, le habían puesto de nombre, María Isabel, que por cierto maría Isabel se parecía mucho a su mama.

Las dos eran muy hermosas, poseían una personalidad muy radiante, así trascurrieron muchos años.

En la familia del rey.

La vida pasaba sin novedad, aunque los hijos del rey, Estevan, y yared, querrían mucho a su mama, tanbien

Miraban con tristeza a su papa.
Aunque nunca estaba solo, siempre estaba rodeado, de amigos, amigas, y sus doncellas, los hijos sentían que su mama le hacia mucha falta, le pedían al rey.

Que se volviese a casar para que tuviese una compañía, pero el rey, contestaba que no que el así se sentía muy bien.
En cambio en la familia de Ocampo, todo parecía sonreír, Gabriel, y maría Isabel, ya eran unos jovencitos, por cierto por su porte y su elegante estilo ambos tenían muchas amistades.

En una ocasión augusto se comunico con su esposa llegaría a casa un poco tarde, pues se le había juntado el trabajo.
Por esa misma tarde, ya casi por la noche Estevan se encontraba tomando con sus amigos, ya era un poco tarde decidió retirarse a su palacio a descansar.
Como iba un poco tomado no iba muy concentrado en la forma en como estaba conduciendo.

Don augusto siente que ya se hizo tarde, decide marcharse.

Al cruzar la calle para llegar a su vehículo, estaban se distrajo, no miro a don augusto, lo impacto fuertemente con su vehiculo,

Una pareja que accidentalmente Iván pasando, llamo a la ambulancia don augusto con el golpe murió instantánea mente.

Estevan, es un joven bueno que tiene buenos modales, solo que el miedo hizo presa de el, decidió abandonar el cuerpo y retirarse, pocos minutos después Manuela esposa del recién fallecido, recibió una llamada del departamento de la policía, notificándole que su esposo lo habían atropellado.

Avía fallecido instantáneamente, de inmediato la señora de Ocampo callo en trauma, un gran dolor y una pesada tristeza, se apoderaba del corazón, y de la razón de Manuela, los hijos por igual inconsolables, se trataba del papa, se trataba del amigo, del juez y del maestro, y compañero incondicional.

Que el siempre había sido para ellos, pero que al no tenerlo sentían que la vida de ellos también la perdían junto con la de su padre.

Pero en estos casos que se puede Acer ante los designios del destino, solo buscar un poco de consuelo ante el soberbio umbral de la muerte, y de la separación física del ser querido.

Augusto fue enterado al día siguiente en seguida para ellos nuevamente volver a continuar la vida, sin el papa, sin el ser querido, a ellos como en todas las familias, que pierden un ser querido, les toma tiempo, y esfuerzo, hacerse a la idea, y acostumbrarse de que a partir de ese momento en adelante la vida, y todo lo que en esta encierra, será diferente.

Literalmente se puede entender como un nuevo ciclo, de vida, y de entendimiento ante la adversidad. Después de algunos años sin contratiempos, ni tropiezos, Gabriel, y María Isabel, terminaron sus estudios.

Estaban muy interesados en ponerse a trabajar, solo que había que buscar, maría Isabel encontró trabajo como secretaria en los consorcios del rey.

María conoció a Estevan, después de meses de ser amigos se hicieron novios.

En una ocasión que Manuela fue haber a María a su trabajo se encontró nuevamente con el rey, estuvieron platicando

El rey se enamoro de Manuela.

Al mirarla quedo extasiado por la belleza.

Después de días, el rey seguía pensando en Manuela quedo encantado por su belleza, su personalidad sencilla, recordaba que ya la había visto antes solo que no se acordaba en donde.

Despistadamente la buscaba solo que no le tocaba encontrarse con ella, asta que en una ve que ni siquiera se buscaban por accidente se encontraron.

Tuvieron una platica bastante larga, y encantadora, pasaban los días, y cadaves sus encuentros eran mas frecuentes, ya no accidentales.

Mas sin embargó la relación entre el rey y Manuela al parecer no era la única que crecía con una fuerte intensidad.

La relación entre Estevan, y su novia maría Isabel, era un amor, apasionado, y de esos abecés locos.

En un festejo de cumpleaños del rey, invito por su puesto los invitados de honor Manuela, y su adorable hija, maría Isabel, en esa ocasión maría Isabel noto que el rey se desvivía en atenciones con su mama.

Fue así como se dio cuenta que existía una bonita amistad entre ellos,

Los cuatro se enteraron que las dos familias estaban formalizado una hermosa amistad.

Después de dos años, el rey pidió la mano de maría Isabel, pues había aceptado casarse con Estevan.

El rey, tanbien estaba profundamente enamorado de Manuela.

Le pidió que se casase con el, que juntasen las dos ceremonias, Manuela no aceptó. Pero el rey siguió incistiendo, asta que la convenció, se casaron las dos parejas,

Promete ser la boda del siglo. Por esos días una persona muy cercana a Sofía hermana de Manuela, le había comentado que el accidente que tuvo su hermana Manuela, muy probablemente se trataba del mismo accidente, en donde había fallecido la esposa del rey, su hijo, y su chofer.

Sofía sabia que ellos no habían tenido la culpa, pero le preocupaba que el rey algún día se diese cuenta que Manuela avía estado involucrada de una manera involuntaria en el accidente en donde había fallecido su esposa, su hijo, y su chofer.

Sofía no tenía ninguna certeza de que se tratase del mismo accidente, por lo tanto no quería platicarle a su hermana asta que estuviese segura de eso.

Pero el tiempo en estos casos párese que coreé más de prisa, pareciese como si el destino se diese cuenta de la urgencia que ay por evitar ciertas malas equivocaciones, por lo tanto el tiempo no se detiene.

Se llego el día mas esperado de la historia, aun Sofía no a podido aclarar con exactitud de que vehiculó se trato, que se accidento en aquel fatal accidente.

Por lo tanto ya todo estaba listo para la ceremonia del año, el rey y su ijo, ya esperaban ansiosos en el templo, a sus futuras esposas, de repente ellas llegaron.

Dio inicio la ceremonia, el sacerdote ya estaba apunto de casarlos cuando en eso llego Sofía interrumpiendo, y con un agitado grito.

Manuela aquí estoy, para este ultimo instante ya se avía dado cuenta de que efectivamente el accidente en donde su hermana Manuela y ella habían estado involucradas se trataba del mismo en donde avía fallecido la esposa del rey, su hijo, y su chofer.

Sofía después del grito se quedo en silencio, y prefirió no decir nada, no por lo menos en ese momento tan sagrado para ellos.

El sacerdote como estaba a punto de casarlos pero en la manera en como Sofía llego, y interrumpió, el sacerdote pensó que Sofía deseaba decir algo importante.

Le dice, hija, habla si vas a decir algo, por favor habla, pero Sofía prefiere callar y decirle a su hermana sobre el accidente en otro momento, y solo respondió al sacerdote, no padrecito discúlpeme no quiero decir nada solo que me gano la emoción de ver a mi hermana, y a mi sobrina casándose y quise hacerles saber que ya había llegado, pero por favor continúe con la ceremonia, en vista de que no hubo, objeción por nadie el sacerdote declaro a las dos parejas marido, y mujer.

Se casaron, después de la emotiva ceremonia fueron al palacio a disfrutar de un emotivo brindis, y un elegante y fino menú, en seguida terminándose todo se fueron de luna de miel, padre, e hijo, con sus respectivas esposas, mama, e hija.

A partir de esa generosa fecha tan emotiva por supuesto, todo parecía de color de rosa, para la familia de la corona, pero que interesante es el destino que siempre se encarga, de poner algunos obstáculos.

Tiempo después al rey se le presento una persona, le afirmaba saber quien había atropellado a su familia falleciendo ahí, su esposa, su hijo, y su chofer.

Después que el rey se entero, que el vehiculó que se impacto con el del en donde falleció su esposa, su hijo, y su chofer.

Avia sido el vehiculo en donde viajaba justamente su actual esposa.

El rey Bastante confundido, manda llamar a su esposa, su esposa se presenta, el rey reclama por que acabaste con mi familia, y no conforme con eso.

Tu, y tu hija se casan con nosotros, que estas jugando le dice el rey a Manuela.

Manuela le dice que no entiende nada, y efectivamente no sabe que en aquel accidente que tuvo, ahí falleció la esposa del rey.

En la actualidad la única que sabe es su hermana Sofía.

De cualquier forma Manuela insiste que no sabe nada, pero el rey no esta conforme, y le pide a Manuela que se marche en ese instante.

Obviamente Manuela no espera a que se lo digan dos beses, se marcha llevándose con ella sus hijos.

Sofía su hermana se entero de lo sucedido,

Un día platicando con su hermana, le dice que ella se entero justo el día en que se Iván a casar,

Que no le quiso decir por no arruinar ese día.

Apartir de entonces la relación con la familia del rey, y la familia de Manuela, se en contrava en seria crisis.

Las cosas se pondrían aun peor, después que Gabriel se entero que quien había acabado con la vida de su padre había sido Estevan, hijo del rey.

Un amigo de Gabriel le había platicado, que conocía a alguien que afirmaba saber quien había atropellado a su padre quitándole la vida.

Gabriel de inmediato exigió que le dijera quien savia, le dijeron, y sin esperar fueron a ver a esa persona.

Después de Haver hablado con la persona, Gabriel se entero que quien había atropellado a su padre acavando con su vida.

Avia sido Estevan.

Gabriel una persona sin escrúpulos, sin esperar fue hablar con el rey.

Le dijo lo sucedido, y a cambio pidió su corona, para que su hijo no pisara la cárcel.

Manuela se entero del chantaje en contra del rey. Fue a hablar con el rey, le dice tu nada quieres saber de nosotros, ni siquiera as permitido escuchar mi versión, pero vengo a decirte que no te dejes chantajear de mi hijo Gabriel.

Vamos a tratar de arreglar nuestras diferencias ablando, sin que tu hijo salga afectado, lo sucedido se debe a un accidente.

El rey quedo impactado por la destreza de Manuela.

Le pidió su versión sobre el accidente en donde había fallecido su mujer, su hijo, y su chofer,

Después de haberla escuchado, comprendió que ella no había cometido ninguna falta.

Se hincó, de rodillas y con lágrimas en los ojos, le pidió perdón.

Le pide que regresen de nuevo a vivir con ellos.

Manuela aceptó regresar, pero esperaran a que Gabriel digiera su confusión,

El mismo día Manuela habla con Gabriel su hijo, le insta a que deje de chantajear al rey.

Discuten seriamente por eso.

Gabriel lejos de escuchar su madre, va le exige al rey, que le entregue su corona.

El rey después de un razonamiento.

Acuerda entregarle su corona, por tal de que su hijo no valla a la cárcel.

En el momento que el rey, hacia entrega de su corona Manuela, y Isabel llegaron.

Manuela con un grito de desesperación, Melquíades no entregues tu corona, este joven ni sabe para qué es una corona.

Tu hijo ya ha sido perdonado.

Melquíades, con vos suave, y aguda responde mi amor permitir que haga entrega de mi poder, y prestigio,

Que tu hijo sea feliz, y que nosotros nuevamente volvamos a ser la familia que antes fuimos.

A partir de entonces las familias nuevamente fueron felices para siempre.

PRIMAVERA ROZA

Érase en una ves en un largo, y frió invierno, de aquellos inviernos que asen que duela hasta los huesos, el invierno paresia no tener fin, pero por fin llego la primavera,

El sol poco a poco se habría paso, en medio de tan altas, y rocosas montañas, cubiertas de nieve, por fin empezaba a asomarse la primavera, la gente empezaba a salir, a jugar con la nieve, a darse baños de calido sol.

Los animalitos empezaron a salir, de sus rinconcitos, a jugar, a correr, a brincar, de alegría, y de emoción, las mariposas empiezan a bolar de norte a sur, y hacia todas direcciones, ya es primavera.

Así fueron transcurriendo aquellos días, y semanas, bañados de un hermoso sol, todo parecía que la primavera por fin la teníamos entre nosotros.

Alas pocas semanas de tener un hermoso y calido sol, la naturaleza, empezó a florecer, empezó a brotar nueva vida, empezó en el campo, y selvas, a nacer plantas, flores,

En medio de tanta vegetación, aquellos hermosos árboles sus ramas, poco, a poca se estaban cubriendo de hermosas hojas verdes.

En medio de tanta vegetación, vivía un hermoso árbol muy peculiar, en su habitual costumbre solía contarle cuentos a Sus hermosas hojas antes de dormir, y así dulcemente las hojitas se quedaban a diario dormiditas.

Aquellas hermosas hojas, se miraban tan hermosas, tan llenas de vida, al igual que el árbol, las hojas le permitían lucir al árbol más grande, más frondoso más verde, y muy hermosos,

Con el paso de la primavera, una a una las hojitas, se iban cayendo al suelo, el árbol día a día estaba perdiendo sus miles de hojitas,

Al hermoso árbol ya le quedaban muy pocas hojitas, en un hermoso día, por la tarde ya al ocultarse el precioso sol, el hermoso árbol se encontrase muy solo, pues solo unas pocas hojitas le sobraban.

Se encontrase muy solo, y muy triste, una preciosa hojita, conocía su profunda tristeza, con palabras muy cortitas, y con susurros muy extensos, le dice al hermoso árbol.

Querido papi, no estés triste, por favor no estés triste, yo nunca te boy a abandonar, me sostendré firmemente.

Con tu dulce miel, tan firme, que aun con los feroces huracanes que año tras año, azotan a nuestras selvas, pero yo por siempre me mantendré adherida a ti.

El precioso árbol, se sintió muy conmovido por las hermosas palabras, y la ternura de su pequeñita, para no contagiarla de su tristeza, le sonrió, y añadió no querida no estoy triste, solo que un intruso por debajo de los suelos estaba molestando la tranquilidad de una de mis raicitas.

Pero no ay por que preocuparnos, por que ya lo apacigüé, la hojita correspondió también con una dulce sonrisa,

Mas tarde se hizo de noche, el hermoso árbol le dice a la hojita ya vete a dormir que ya se hizo de noche, segundos después la hermosa hojita se quedo dormidita,

Por la noche justo antes de amanecer, un fuerte sacudido del árbol, a causa del aire, la rama se movió, en ese instante la preciosa hojita se cayó al suelo.

Al desprenderse, aquella dulce y tierna hojita, el triste árbol sintió como si le hubiesen cortado desde el fondo de sus raíces, la sintió tanto que toda la amarga noche le estuvo llorando.

Aquel hermoso árbol lloraba, y lloraba, con profunda tristeza, de dolor, y de amargura, amaba tanto a su pequeñita como así le decía, que no soportaba la caída, caída que significaba una triste separación para siempre.

Además le dolía el corazón, recordar que esa misma noche, la hermosa hojita le había prometido no separarse nunca jamás de su papi, como ella le decía papi.

La vida transcurría, como ya todos sabemos, así muera, el rey, la reina, el príncipe, Ho la diosa de Osiris, el presidente de la nación, muera quien sea, la vida continua su contagioso, y misterioso ritmo.

Pasaban los días, el hermoso árbol tan solo se conformaba, con mirar a su pequeñita hojita al pie de su frondoso tronco.

Se termino por fin la preciosa primavera, dio así el inicio de la temporada de las precipitadas lluvias, y huracanes.

Un medio día un feroz huracán cortejaba con la naturaleza, mostraba, con presumible presunción, su grandeza, su poder de destrucción.

Ya muy tarde entrando la noche, se dejo sentir su majestuosa, y ventosa tempestad.

Casi todas las hojitas de aquel hermoso árbol fueron barridas aquella noche por el agua, y el fuerte viento.

El triste árbol ahora se quedo más solo que nunca, y le entristece profundamente el corazón haber perdido y para siempre aquella hojita.

Que en una noche le había prometido nunca apartarse de el jamás.

Los dioses aman tanto a la nobleza, que han puesto en ella los cimientos de la misericordia.

La eterna nobleza de aquella hermosa hojita, enmudecía al triste árbol, todas las noches, pero para no sentirse tan triste, por las noches prefería jugar con las tenues olas de aire fresco que por las noches, solían tener coqueteo con las fuertes ramas de aquel frondoso, y majestuoso árbol.

En una hermosa madrugada empezaba apenas a aclarecerse, un zopilote periódicamente Asia sus rondines cerca del frondoso árbol, y había notado que el triste árbol, por barios días le acompañaba aquella sombra de tristeza.

Pero esa madrugada decidió acabar con su curiosidad, se detuvo frente al frondoso árbol, oye tu portulento, me permites posar un momento en tu majestuoso ramería, me ciento un poco agotado.

El majestuoso árbol le respondió, por que ahora me estas pidiendo permiso, si en otras beses te as detenido y ni siquiera me consultas.

El zopilote le respondió, con una sonrisa, bueno antes no me inspirabas, el árbol le respondió, que quieres decir con que antes no te inspiraba, acaso ahora si te inspiro.

El zopilote respondió, bueno no ni antes ni ahorita, lo que sucede es que en las últimas semanas te he notado una sombra de tristeza.

Te sucede algo, majestuoso árbol.

El árbol respondió, no no me sucede nada, por que es la pregunta, el zopilote respondió lo mismo de antes, bueno es que como te decía.

En las ultimas semanas te he notado muy entristecido, pero no te preocupes si no deseas hablar, esta muy bien no lo hagas.

En ese momento el zopilote se despidió, sabes tengo que irme, ya es hora de mi desayuno y boy a ver que encuentro, el zopilote se echo a bolar.

El árbol se quedo mas triste, estaba a punto de platicarle su dolor, pero no se animo.

Semanas después el zopilote regreso, hola majestuoso árbol, me permites por favor, el árbol respondió claro acércate.

Nuevamente empezaron una muy amena conversación,

En esta ves el zopilote, no le hizo ninguna pregunta, pero la conversación fue tomando un curso natural, y cuando menos se esperaba el frondoso árbol le estaba platicando al zopilote el motivó de su amargo dolor.

En el momento en que el árbol le platicaba al zopilote, que había sentido una profunda tristeza, y dolor el haber perdido aquella hojita.

El zopilote se carcajeó, ja, ja, ja que bárbaro pero si as perdido a todas tus hojitas, y te as entristecido por haber perdido una mas.

No, no es verdad, el árbol exaltado respondió, me causo un fuerte dolor, la pérdida de todas mis hojitas.

El zopilote refuto la hermosa verdad de aquel hermoso árbol, y agrego no te creo lo que me estas diciendo, por que al momento en que empezamos a platicar.

Solamente me hablaste del inmenso dolor que sentiste, al momento de que perdiste aquella tierna hojita.

El árbol a estas alturas, debido a la negación del zopilote de saber entender al árbol, el árbol también se encontraba confundido.

Y añade, mira se que no me comprendes, pero la perdida de todas mis hojitas me a causado un grande dolor, solo que esta ultima con su nobleza de ternura me vino a recordar a todas las demás, el zopilote en esta ves no fue tan rudo con el triste árbol, y respondió si creo que te entiendo, también yo a diario pierdo a mis pobres plumas,

Pero para hacerte franco, creo que es más grande tu dolor que el mió, pues a pesar que a diario estoy perdiendo a mis plumas, creo que no había sentido tanta tristeza como la tulla.

Después de que el árbol, y el zopilote charlaron por un buen rato, el zopilote se despidió del árbol, bueno dice el zopilote creo que es hora de ir en busca de que comer.

Por que ya ase hambre, y tu aquí no me estas ofreciendo nada, pues además ya ni tan siquiera hojas tienes, para entretenerme un poco.

El zopilote Hecho el vuelo.

Días después el zopilote nuevamente regreso, empezaba a agradarle la compañía, las platicas largas, y agradables que últimamente sostenía con aquel frondoso y majestuoso árbol.

Solo que esta ves se trataba de una sita más formal, a diferencia de las anteriores.

Debido a la hermosa amistad que había surgido, que además los dos sentían que mucho disfrutaban de la compañía de ambos, esta ves Tenia en mente proponerle que le permítase Acer su casa, su nido en alguna de sus majestuosas ramas.

Llegó el zopilote nuevamente con el árbol, hola fortulento, ya no estas triste le pregunto, el árbol respondió, si pero no.

El zopilote nuevamente se carcajeó, ja, ja, te comprendo respondió.

Nuevamente empezaron a platicar, conforme se fue dando la platica, el zopilote pregunto oye fortulento me permites hacer mi nido, ósea mi casa, en alguna de tus majestuosas ramas.

El árbol muy sorprendido, respondió que, quieres vivir aquí con migo, al amparo y abrigo de mis preciosas ramas. El zopilote por un momento pensó que había sido una osadía, y tonta idea, pensar que podría vivir en las ramas de aquel majestuoso árbol.

Y con una vos temerosa, y cortada, le respondió, bueno pensaba que hala mejor tu me permitirías establecer aquí mi nido, pero no, no te preocupes si tu no puedes, olvídalo yo lo entenderé perfectamente muy bien que tu simplemente no puedes y punto.

El árbol sorprendido nuevamente por la reacción del zopilote, le respondió oye, oye escúchame aun no as escuchado mi respuesta, y tu te estas contestando solo.

El zopilote responde nuevamente, pero es que si tu no puedes, no ay ningún problema seguiremos siendo amigos como lo hemos sido siempre.

El árbol responde esque ni siquiera me as dejado hablar, para decirte que si deseas puedes hacer tu nido, o tu casa aquí.

El zopilote sorprendido, respondió que que si aceptas que fabrique mi casa en tu frondosas ramas, el árbol respondió si as tu casa en algunas de mis ramas.

El zopilote encantado de emoción volaba alrededor del árbol de rama en rama, prometiéndole te prometo que por las noches no are ningún ruido, para que puedas dormir tranquilo.

Te prometo que siempre tratare de llegar siempre temprano, para que tú no te despiertes al momento de mi llegada.

Bueno en fin el zopilote le hizo al majestuoso árbol un sin fin de promesas, mientras escogía el lugar y la rama en donde fabricaría su nido.

Después de unos días el zopilote ya había terminado de fabricar su nido, tal como lo había prometido, trataba de no hacer ruido por las noches.

Y de llegar temprano, para no desvelar a su gran amigo.

En una tarde el zopilote se encontraba muy retirado de su casita, era una tarde bastante lluviosa, y muy peligrosa para emprender el vuelo de regreso a casa, pues había vientos mucho muy fuertes.

El zopilote prefirió esperar a que se quitara los vientos fuertes, y la fuerte lluvia, pero ni los fuertes vientos ni la fuerte lluvia, se calmaban.

Así siguió casi toda la noche, ya muy noche, el árbol se encontraba bastante muy preocupado, temía que algo le pudiese haber pasado al zopilote.

La noche transcurría, y ya casi al amanecer, una fuerte centella azoto con fuerte estruendo y fuerza en aquel hermoso árbol.

Aquel majestuoso árbol en cuestión de segundos fue derrumbado, por aquel estruendo de aquella centella.

En aquel preciso momento, el zopilote no escucho pues se encontrase bastante retirado, pero sin embargo sintió lo que había sucedido, y aunque ignoraba de lo que se trataba su preocupación.

Sentía que algo muy mal había sucedido.

Al poco rato después se quito la lluvia, los vientos, y empezó a amanecer, el zopilote de inmediato emprendió el vuelo de regreso a su casa.

Al momento que llego al árbol, se detuvo a unos pocos pasos de retirado frente al árbol, miro con amargura y tristeza lo que le había sucedido ha aquel majestuoso árbol.

Se puso a llorar.

Aquel dolido, y enlutado zopilote, se quedo junto a su amigo árbol por barios días.

Pensaba mucho en lo poco que compartió con aquel fortulento árbol, como el así le decía, mas sin embargo a pesar del muy poco tiempo, que compartió, ya le tenia un especial afecto.

Sabemos que si las hojas, de las plantas se mueven, Ho se Caín, es por que la voluntad celestial así lo dispone, en medio de la vida, y de todo este sagrado movimiento, entedemos que caernos, levantarnos, caminar, reír, y brincar.

Ho incluso quedarnos estáticos alguna ves por segundos, no son actividades comúnmente ordinarias, sino que es el ritmo armonioso, y sagrado de la vida.

El zopilote así lo entendió asta después que perdió su amigo, no en el momento que el árbol le platicaba que se encontraba triste por haber perdido aquella hermosa hojita.

LA DIOSA DEL JARDÍN DEL EDÉN

En una ocasión que me encontraba solo en la casa, no avía nadie quien me acompañase, así es que decidí recostarme en el sofá,

Para tratar de relajar mi cuerpo, y justo en frente de mi se encontraba adheridos a la pared unos cuadros hermosos, con hermosos paisajes.

Hermosas puestas del sol, hermosas cascadas, y los rallos del sol, mezclándose entre la brisa de las cascadas,

Y de esta hermosa fusión surgía un hermoso arcoiris de preciosos colores que se esparcían a su alrededor de la cascada,

En medio de tan hermosa vegetación parecía escuchar el alegre canto de los pajaritos,

Hermosas plantas con hermosas flores, son de esos preciosos cuadros que té llevan sigilosamente a dar un hermoso paseo por la naturaleza, y en medio de toda esa hermosa belleza de la naturaleza, una hermosa niña cortando las más bellas flores para después dárselas a su mama.

Me dije a mi mismo, que maravilla, que hermosa escena, de inmediato vinieron a mi mente los hermosos recuerdos que nos dejan aquellos hermosos momentos que vivimos, con las mamas, con los papas, con los hermanos, con los abuelitos, con los tíos, y tías, con nuestros hermanitos pequeñitos,

Que ahora ya están grandes, nos ponemos a comparar el hermoso trabajo que la vida a echo en nosotros, pues abecés se nos ase muy difícil en verdad creer vernos, como éramos de niños, y ahora que nos podemos ver como somos ahora que estamos grandes,

Se nos párese bastante interesante ver como la vida, nos ha venido cambiando, y probablemente todos hemos sentido un gran regocijo, un hermoso torbellino de alegría y de felicidad, mirar los hermosos procesos y cambios que la vida a hecho en nosotros,

No crean que se siente esa gran felicidad, por que seguramente abra quien pudiese pensar, o es que siente esa gran felicidad por que seguramente cuando era pequeñito, se miraba muy fellito,

Y ahora que ya esta grandecito, ya se mira mas guapito. Posiblemente este hermoso procesó lo hemos visto en muchas personas, y en muchas ocasiones nosotros mismos nos quedamos sorprendidos, por esos hermosos cambios que la vida misma realiza sin la intervención alguna de las acciones humanas.

Efectivamente la vida sabe como realizar su función, y la verdad es que lo ase de una manera espectacular, pues a todos nos a tocado sentir que se nos cimbra el cuerpo, desde los talones asta la cabeza, cuando por alguna razón ajena dejamos de mirar a una hermosa niña,

Por unos meses, y después cuando la volvemos a mirar que es lo que nos sucede, que la encontramos convertida en una hermosa señorita. En una preciosa, y hermosa flor, que en un día antes solo la veíamos como un tierno, y fino delicado botón, de hermosa rosa.

Y al día siguiente se convirtió en la más preciosa y sublime flor de una infinita y eterna primavera. Ante esta hermosa escena, ante este precioso y armonioso espectáculo de la vida, y de la naturaleza,

Nos preguntamos que escena podría ser tan más soberbia, y espectacular como lo es el hermoso procesó de cambio de una, niña a mujer.

Cuando vemos este maravilloso proceso de cambio, comprendemos por que el pintor se apodera de una infinita inspiración, y de un mundo infinito de razones para plasmar en su hermoso lienzo la hermosa imagen de una tierna, y maravillosa, mujer.

Así como comprendemos las razones que tiene el artista. Que se le vive la vida cantándole a la mujer. Desde los inicios de nuestra historia, de Adán de y Eva, la mujer ha sido el modelo perfecto, el prototipo de la imagen perfecta, de una creación divina, que ha sido la máxima inspiración para el hombre.

Nuestro amado DIOS, creo a la mujer y hizo de ella, una hermosa diosa terrenal y perfecta, La mujer es un hermoso ser, desciende a un mundo terrenal, su máxima gloria deja perplejos, a los vagamundos, y pobres de espíritu. Que inmaduro y ordinario, es pensar en la mujer como un objeto de placer, lo cierto es que es una inmadurez, una pesada ausencia de motivación, e inspiración, por consiguiente una triste pérdida de tiempo.

Printed in the United States
By Bookmasters